有光的地方，就有影子。

反之亦然。

FLASH BOYS

A WALL STREET REVOLT

快閃大對決

一場華爾街起義

麥可・路易士 Michael Lewis 著　　林旭英 譯

獻給

Jim Pastoriza——

一個從不放棄探險的人

君子有所不為。

——《火線重案組》（The Wire）劇中主角Omar Little

目次

快閃大對決

前　言

誰買走了你的股票？

相信我，你一定不知道答案

寫這本書，我想是從我第一次聽到薩吉．阿列尼可夫（Sergey Aleynikov）的故事開始的。薩吉是曾經在高盛上班的俄羅斯電腦工程師，他在二〇〇九年夏天辭職後不久，因為涉嫌竊取高盛的電腦程式碼，遭到美國ＦＢＩ逮捕。

真是太詭異了。打從那場高盛扮演著重要角色的金融危機爆發以來，整個高盛唯一被起訴的，居然是一位「從高盛拿走某樣東西」的員工；更詭異的是，檢方認為這位俄羅斯人不應被保釋，因為如果把他放出來，讓高盛的電腦程式碼落入不肖人士手中，將可能被用來「不當操控市場」——難道，程式碼在高盛的手上，就不會被「不當操控」嗎？如果高盛可以不當操控市場，別的券商是不是也可以呢？

高頻交易……什麼鬼？

最最詭異的，其實還有另一件事：這位俄羅斯人到底在做什麼，根本沒人能解釋清楚。我指的，不是他這回做了什麼犯法的事，而是他「過去」到底在做什麼，也就是：他的工作內容，到底為何？

外界都說，他是一位「高頻交易軟體工程師」（high-frequency trading programmer），但這不算什麼解釋。回到那年夏天，那只是個絕大多數人——即便是在華爾街——聽也沒聽過的名詞。什麼是「高頻交易」？那個程式碼到底有多重要，重要到一發現遭員工拷貝，高盛要立刻通知ＦＢＩ逮人？如果說，這個程式碼實在太重要太重要了，可能對金融市場帶來如此嚴重的後果，為什麼又會落入一個在高盛工作才兩年的俄羅斯人手上？

剛開始，我只是希望有人能為我解答上述疑問。直到有一天，我坐在一個望出窗外可俯瞰世貿中心原址——也就是現在的「自由廣場一號」的辦公室裡。

辦公室裡聚集的，是幾位來自華爾街不同領域的高手，包括大券商、大證交所、高頻交易業者。他們當中，有人放棄了高薪，挺身向華爾街的弊端宣戰。他們所揭露的弊端之一，正是高盛聘請這位俄羅斯人去做的事。他們一邊討論，一邊解答了我的疑問，也回答了許多我原先想都沒想到的問題。

對於股市，我一直是沒什麼興趣的，就跟很多人一樣，我其實只喜歡旁觀它的暴起暴落。一九八七年十月十九日那次崩盤，我正好在「紐約廣場一號」四十樓（也就是我的前老闆「所羅門兄弟」的營業部）躬逢其盛。當時，實在太有意思了，假如你還不相信華爾街的人對於未來其實沒半點頭緒，看看那一天吧——前一刻，天下太平；下一刻，整個美國股市跌掉了二二．六一％，卻沒有半個人知道原因。

那段期間，有些交易員為了怕接到客戶要賣股票的通知，乾脆不接電話。這些人不是第一次這樣惡搞，但政府那次決定採取行動：推出新政策，讓電腦來取代這些不稱職的人。從那次崩盤以後，電腦越來越重要，今天，電腦交易已經可完全取代人工撮合。

閉起眼睛，想像一下股市的長相

過去十年來，金融市場的改變太大了。講到股市，我敢打賭多數人腦海裡所浮現的畫面裡都有「人」——有穿著夾克的交易員，在交易大廳上吆喝。但那種畫面早就過時了。大約從二〇〇七年開始，市場就已經不需要那種交易員，就算他們還存在，也已經完全不重要了。今天，在紐約證交所與芝加哥的幾個商品交易所裡，我們還能在交易大廳看到一些交易員，但他們早已無法左右金融市場，也不見得能掌握市場動態了。

現在的美國股市，都是在「暗池」（dark pool）交易的。這些暗池，大都位於紐澤西與芝加哥戒備森嚴的大樓裡。我們至今還不完全明白在這些暗池裡是怎麼運作的，電視上螢幕下方跳動的股價數字，只能告訴我們股市的一小部分訊息，各種關於暗池的報導也莫衷一是，不怎麼靠譜，就算是股市專家也說不出個所以然。

一般散戶就更別指望弄懂了。你也許會打開電腦，登入你的網路交易帳戶，按下「買進」指令，然後呢？你可能以為自己知道，但相信我，你不知道。因為如果你真的知道，很可能根本不敢輕易按下指令。

大家的腦海裡都停留在過去的畫面，因為這樣最不必傷腦筋，因為要重新理解、建構一個新畫面太累人，更是因為少數能幫你建構新畫面的人，根本不想讓你搞懂。

這本書，就是希望為你還原這個畫面。這個畫面，是由很多小畫面拼湊而成的——包括金融風暴後的金融業者、各種聰明的創新、電腦程式，以及那些來到華爾街才發現華爾街跟自己想的不一樣的人。

其中有一個人——一位加拿大老兄——就站在這個新畫面的正中心，把一個又一個的小畫面串起，讓我們看到一幅完整的大圖像。直到這一刻，他願意把美國金融世界的真相公諸於世的勇氣，還是讓我吃驚不已。

同樣讓我吃驚的，還有高盛那位被逮捕的員工。薩吉以前上班的地方，是高盛位於「紐約廣場一號」四十二樓——原本是所羅門兄弟的交易大廳，就在當年我上班的樓上兩層。對於能在那棟大樓上班，他似乎不怎麼眷戀，所以在那年夏天辭職了。

二〇〇九年七月三號那天，他從芝加哥搭飛機前往紐澤西州的紐華克（Newark）。他不知道其實自己有多重要，不知道抵達時會發生什麼事，更不知道過去他幫高盛玩的那場金融賭局，原來，賭注如此之高。

｜第1章｜

十三毫秒的祕密

從一條瞞天過海的光纖工程講起

二〇〇九年夏天，為了鋪設這條電纜，近兩千位工人正努力開挖。他們每八個人組成一個工程隊、共兩百多支隊伍，外加各種顧問、監工，每天起個大早，研究要怎樣把無辜的山脈炸出個大洞，如何在河床下挖條隧道，怎樣在道路邊挖條壕溝。

但，大家都沒追問一個再簡單不過的問題：**為什麼？**

這條電纜，直徑只有一吋半，黑色塑膠外皮包覆著四百條頭髮般細的玻璃纖維。但這條光纖彷彿有生命似的，有著特定的需求與「渴望」——「渴望」被直直地鋪設，「渴望」被連結在芝加哥一個資料中心（現在已經被遷往伊利諾州的奧羅拉市〔Aurora〕）與紐澤西州西北方的一個證券交易所之間，以及，最重要的，「渴望」被嚴格保密。

工人們只被告知需要知道的部分，他們被拆散成一個個的小團隊，只曉得某一小段電纜的鋪設方向。公司刻意不讓他們知道這條電纜的真正目的，以確保消息不會走漏。「一直有人問我們，這是什麼最高機密嗎？是政府的計畫嗎？我只能說，是啊是啊。」一位工人說。

不過，工人們或許搞不清楚這條電纜的真正目的，但都知道這電纜似乎暗藏什麼玄機。比方說，公司會告訴工人們，假如看到有人在附近開挖，或是有人來問東問西，一定要立即回報公司。此外，工人們最好什麼也別說。如果有人問起，就說是在「鋪設光纖」就行了。

這一行，你動作得非常、非常快才行

其實，工人們心裡跟所有人一樣充滿疑惑。以前，他們挖的隧道是為了連接城市與城市，連結人與人。但這次工程，什麼也沒連結，從頭到尾只知道必須鋪得「越直越好」，寧可曠日廢時地開山挖隧道，也絕不（像一般常見的方法）繞路。究竟，為什麼？從頭到尾，工人們都不去想這個問題的答案。畢竟景氣這麼差，有工作已經偷笑了。

工人們如果想知道些什麼，照理說應該來問丹．史派維（Dan Spivey）。

但史派維是那種很謹慎的南方人，口風緊，能不說就不說。出生與成長於密西西比州傑克森市（Jackson）的他，平常很少講話；四十幾歲了，仍瘦得像個青少年，乍看之下，真會以為他還在務農。他原本在傑克森當了幾年股票經紀，不開心，所以不幹了，說「要去做點好玩的事」。但他口中所謂「好玩的事」，其實是跑到芝加哥選擇權交易所（Chicago Board Options Exchange）租個牌，自己操盤。

就像那裡的其他交易者，他很清楚：掌握芝加哥的個股選擇權價格與紐約的個股現價之間的落差，是一門可以賺大錢的生意。每一天，都會有太多兩邊價格無法同步的狀況發生，然後——比方說——你可以用一個比現價還高的價格，賣掉手中的選擇權，賺到差價。

不過，要賺到這種錢，你動作得非常、非常快才行。而所謂快的定義，也在快速改變。例如在二〇〇七年以前，交易者的速度是有極限的：交易大廳裡的交易員是人，買賣全得透過這些人；但在二〇〇七年之後，這些交易所大都已經只剩下一堆電腦與資料中心，這一來，交易的速度再也不受人類極限的影響。唯一會影響速度的因素，就只剩下從芝加哥到紐約之間的資料傳輸效率了。

更精確點說，是從芝加哥商品交易所的資料中心，到位於紐澤西州卡特瑞市（Carteret）

的那斯達克交易所隔壁的資料中心。

大費周章，就為了眨一眼……

大約二〇〇八年，史派維發現了一件事：這幾個大型交易所之間的資料傳輸速度，與理論上可行的速度之間，有段很大的差距。舉例來說，以當時光纖的傳輸速度，你想同時在芝加哥與紐約兩地下單，來回只需要十二毫秒（一毫秒就是千分之一秒）——大約是你一眨眼所需時間的十分之一而已。然而，那些由電信業者所提供的線路，速度卻緩慢得多，而且很不穩定，今天可能要花十七毫秒，明天則可能要十六毫秒*。

史派維更深入研究之後，終於找到原因。他跑了一趟華府，拿到了一份從芝加哥到紐約之間的所有光纖分布圖。原來，這些光纖幾乎都是跟著鐵路、從一個大城市延伸到另一個大城市。無論從西邊的芝加哥或東邊的紐約出發，剛開始的路線都還算直，但到了賓州，就開始歪七扭八了。於是史派維又去看了一下賓州的地形圖，這也讓他看出了歪七扭八的原因：阿勒格尼山脈（Allegheny Moutains）。唯一能筆直穿越山脈的，是一條州際高速公路，而依美國法律，業者是不能在高速公路邊埋設光纖的。於是史派維找到一份更詳細的地圖，然後把他心目中的鋪設路線畫出來。「這是法律所允許的最直路線。」他說。他所規畫出來的路線，比那些電信業者的現有線路整整少了一百英里以上。

到了二〇〇八年底，全球金融市場陷入風暴之際，史派維特地跑到賓州，找到一位建商，一起沿著他規畫的路線跑了一趟。兩人花了兩天時間，清晨五點就起床，一直開車到傍晚七點。那位建商雖然覺得史派維簡直異想天開，但也不得不承認：史派維的計畫，沒有不成功的理由。

不過話說回來，史派維當時正在思考的，其實正是「不成功的理由」。「我試著去推想

---

*倒是有些交易員，意外發現了威訊（Verizon）電信公司所提供的一條線路，只要花十四．六五毫秒，他們管它叫「黃金線路」，因為這條路能幫你掌握芝加哥與紐約交易所兩地價格的落差。看在史派維眼裡，這真是匪夷所思：電信業者壓根不明白這種新冒出的速度需求。威訊根本不知道自己能以高價把這條超快線路租給交易者們，甚至對於自己坐擁如此值錢的資產都毫無所悉。

電信業者沒這麼做的合理理由，」他說：「一定有什麼我還沒發現的問題。」但除了那位建商說的「一般人不會想去把阿勒格尼山脈的石頭炸開」之外，他實在找不到還有什麼問題。

「我決定放手一搏。」他說。於是，他深入研究各種接下來可能面對的問題：關於鋪設光纖，目前有哪些法規？需要向誰申請許可？這趟工程，得花多少時間？這個在山脈下方打通隧道的工程，一天能推進多少碼？需要什麼樣的工具？得花多少錢？

老實告訴你，其實這條光纖一路通到紐澤西！

沒多久，一位住在德州奧斯丁市（Austin）、名叫史蒂夫．威廉斯（Steve Williams）的工程師接到一通電話。

「那是我一個朋友打來的，」他還記得：「對方說有個老朋友的親戚遇到了麻煩，有些關於工程的問題想請我幫忙。」緊接著，史派維親自打來了。「那傢伙在電話裡直接問我，」威廉斯回憶：「我做過的案子規模多大？用什麼樣的光纖？怎樣挖地道？怎樣穿過河流？」過了幾個月，史派維再度打給他，說有一條從克里夫蘭（Cleveland）開始、長約五十英里的光纖鋪設工程，問他是否有興趣協助監工？

原來就在那幾個月，史派維成功說服了曾經擔任網景公司（Netscape Communications）總經理、同樣出身傑克森市的吉姆・巴斯代（Jim Barksdale），投資這項估計需要三億美元的工程。雖然他們把公司取名為「廣布網絡公司」（Spread Networks），但是實際上的工程卻都藏在一家家紙上公司名下，而且刻意為這些紙上公司取了非常普通的低調名稱，例如Northeastern ITS、Job 8等等。巴斯代的兒子大衛（David Barksdale）掛名公司董事，負責——當然是低調到不行——與光纖必須穿過的約四百個鄉鎮談判。

史派維與巴斯代在打聽之後確定，威廉斯是個高手，於是乾脆邀請他接下一整個計畫。「他們這才告訴我，嘿，其實這條光纖一路通到紐澤西。」威廉斯說。

出了芝加哥，工程隊往印第安那與俄亥俄州前進。順利的話，一天可以推進兩、三英里；一直到賓州西部遇上龐大岩石，他們的速度才被迫放慢，有時候一天甚至只能推進個幾百英尺。「我們都叫它藍岩（blue rock），」威廉斯說：「那是一種很硬的石灰岩，想要穿透可是很大的挑戰。我和賓州的工程隊員說，我們得穿過幾座山，但他們反覆告訴我，說我瘋了。我說，這麼做很誇張我知道，但我們就是要這麼做。然後，他們就會問我：為什麼？

我告訴他們：因為出錢的老闆說的。」這一來，通常對方除了「喔」，就無話可說了。

他還要面對的另一個麻煩，是史派維。只要鋪設路線上有一丁點的偏差，就會被史派維叮得滿頭包。「你知道嗎，這樣會害我得多花一百多奈秒！」史派維會這樣說。而一奈秒，其實等於十億分之一秒。

史派維是那種充滿焦慮感的人。他相信，當一個人冒著風險做某件事，而到時候如果出問題，通常一定是那種原先絕對想像不到的問題。所以，他不斷去想那種「原先絕對想像不到的問題」，例如：芝加哥商品交易所會不會撤離現址，搬到紐澤西去？光纖必經的卡魯脈河（Calumet River），會不會無法跨越？那些口袋很深的大財團（例如大券商、電信業者）發現他的意圖之後，會不會跳進來搶生意等等。尤其最後這一點，一直讓他難以釋懷，明明每個人都覺得他異想天開，他自己卻老認為不會只有他一個人會這麼想。

速度，到底值多少錢？

但說也奇怪，有件事他卻從來沒擔心過：他的光纖鋪設好之後，萬一沒有華爾街的業者想來承租，怎麼辦？相反的，他非常堅定地相信，這條光纖將是一個大金礦。也許正因為如此，他與他的金主一直到快完工之前，並沒花什麼時間去想要怎麼推銷這條光纖。

其實這生意說起來是挺複雜的。他們所推出的服務——也就是速度——只有在需求「非常強烈」的情況下才有價值，但他們無法確定的是：需求要多強烈，才足以讓這條光纖的價值極大化？對於一個美股交易者而言，擁有比別人更快的速度，到底值得付出多少錢？

要回答這一類的問題，就得先弄清楚：在美國股市，光靠速度上的優勢，能讓一個股市交易者多賺多少錢？他們的賺法到底是如何？「但沒人弄懂過這個市場，」史派維說：「太神祕了。」

他們評估過，要不要採用「荷蘭式拍賣法」——也就是先訂出高價，然後往下喊，一直到哪家華爾街業者願意出錢，並享有這條光纖的獨占權。雖然他們認為這個獨占權值數十億美元，但到底有多少券商、避險基金業者願意花這麼大筆錢，其實他們也沒把握。何況，他們也不想看到隔天的報紙出現像這樣的標題：「巴斯代靠出賣散戶，賺進數十億美元」。

於是，他們找了一位名叫拉瑞．泰普（Larry Tabb）的顧問。巴斯代之所以會注意到泰普，是因為他發表過一篇叫做〈毫秒的價值〉（The Value of a Millisecond）的文章。照泰普的看法，找出合理價格的方法之一，就是先估算出這條光纖能讓一個交易者，從紐約與芝加哥之間的價差交易中賺到多少錢。泰普自己的估計是：假如一家華爾街券商能從兩個交易所的每一筆交易中都占到便宜，那麼一年的獲利可能高達兩百億美元。他甚至進一步估計，至少有四百家業者，會想要搶這兩百億美元的甜頭。

這兩項估計，與史派維的想像不謀而合，讓史派維很滿意。「我們有兩百支鏟子要賣，卻有四百個工人想買，那麼，一支鏟子該賣多少錢？其實我們全都是用猜的。」跟很多高頻交易者共事過、也因此被史派維找來負責業務的布瑞南．卡瑞（Brennan Carley）說，他們算出來的金額是一個月三十萬美元，大約是一般電信業者價格的十倍；前兩百位付訂金、綁約五年的客戶可以享優惠價：共一千零六十萬美元。而且租用者還得自己購買訊號擴大器（signal amplifiers）等周邊設備，加總起來，每一個客戶得花上一千四百萬美元；而兩百個客戶加起來，將為史派維帶來高達二十八億美元的進帳。

一年花一千四百萬美元，怎麼賺回來？

不過，一直到二〇一〇年初，史派維的「廣布網絡公司」仍然沒讓外界知道它的存在。開挖一年以來，這條光纖仍然是個祕密。

為了營造有利於銷售的氛圍，同時避免競爭對手跟進（最好連別人「宣布」想跟進都要設法避免），他們決定要拖到二〇一〇年三月——也就是預定完工時間的三個月前——才開始去找客戶。這些潛在客戶都是有錢有勢的人，而且這條光纖一旦推出，勢必會衝擊他們原有的利益，那，該怎樣去遊說他們呢？

「我們的做法，是先去找這些公司裡我們所認識的人，」卡瑞說：「然後告訴對方，你認識我，你也知道吉姆．巴斯代這個人，我們有個提案想跟你談談，但提案內容得等你到了那裡才能告訴你。喔，對了，我們得麻煩你先簽一份保密協定。」

我們就是這樣偷偷潛入華爾街的。「每一次都有CEO在場。」史派維說，他們所造訪的，全都是市場上賺最多錢的人。這些人的第一個反應，幾乎都覺得不可思議。而史派維早有備而來，他隨身帶著一份大地圖（四呎寬、八呎長），一步步說明他的計畫。

當然，還是有人需要看更多證據才能放心。沒關係，雖然埋在地下三呎的光纖你看不到，但你可以看看那些設在地面上的訊號擴大器。從芝加哥傳到紐澤西的訊號，每隔約五十到七十五英里就需要擴大器的輔助，為了放置這些擴大器，史派維在光纖沿途都蓋了戒備森嚴的掩體。

一旦對方不再懷疑計畫的真實性，這些華爾街的業者，口水都快流出來了。想當然，他們也都會問：**要我花一千四百萬美元，我能怎樣賺回來？萬一斷線怎麼辦？有什麼替代方案？我們公司通常要看往來廠商過去五年的財務報表，你們什麼時候能提供給我？**但儘管口中問著這些問題，他們大都無法隱藏心中的興奮。有一次，一位業者面無表情地聽了史派維講了十五分鐘，突然從會議室的長桌那頭躍起，大叫：「靠！這太酷了！」

在拜訪過程中，沒說出口的話，其實與說出口的同樣有意思。金融市場一直在變，連這些金融專業人士也不見得能搞懂。那些能在電腦上——而不是在人工上——取得速度優勢的人，已經成了華爾街崛起中的新星。有一些名不見經傳的人與公司，一夜之間變得非常富有，卻沒有人知道原因，也沒有人知道他們到底用什麼方法。

而這些人，正是史派維所瞄準的客戶。從這些人的反應看來，他們之所以能賺到錢，靠的就是比市場上任何人快；無論他們用的是什麼方法，總之絕不是那種在現貨與期貨之間套利的老技倆。用卡瑞的說法，為了多爭取到一微秒（百萬分之一秒），有些人會不惜一切。

為什麼速度對他們而言這麼重要，當時並不清楚；但很清楚的是：這條更新、更快的光纖，讓他們備感威脅。有一次拜訪完客戶，大衛轉身跟史派維說：「**這些傢伙恨死我們了**。」但史派維倒認為，這種敵意是好事，他說：「他們當中一堆人給我們澆冷水，說什麼哼，市場上頂多有四個人會買單。結果？他們全都買了。」

看見大券商的千奇百怪……

造訪了名不見經傳的小業者之後，史派維開始朝大券商進軍，也讓他看見金融業在金融風暴後的詭異景象。例如花旗，居然強烈要求史派維重新布線，把原本鋪設於那斯達克交易所旁的線路，硬是轉彎到花旗在曼哈頓的大樓裡——問題是，這一繞會造成傳輸速度增加好幾毫秒，這條光纖也等於白搭了。至於其他券商雖然都明白這條光纖的用意，但一看到史派維要他們簽的合約條文，卻又簽不下去了。因為按照史派維提供的合約，券商租下線路之後，只能供自己交易時使用，不得與他人（例如客戶）共享。

對史派維而言，訂出這條限制的用意再清楚不過：這條光纖，就是想在公開市場上打造出一個私密空間，只有少數願意多花上千萬美元的人，才能取得進來這個空間的門票。「瑞士信貸氣得跳腳，」史派維底下一位負責與大券商談判的員工說：「他們說，這麼做等於讓少數人有揩客戶油的機會。」這位員工試圖告訴對方，話不能這麼說，這麼做背後是有個比較難說清楚的道理的，不過最後瑞士信貸還是沒買單、不願意簽合約。

相反的，摩根史坦利則是跑來要求史派維：「**我們需要請你們改一改合約裡的用詞。**」據這位員工透露：「我們問對方，合約裡的限制條款你們同意接受嗎？對方說，當然同意啊，不然要光纖幹嘛？只不過我們得修飾一下用詞，日後解釋起來比較有轉寰空間。」也就是說，摩根史坦利要的，是一個只供自己、不供客戶操盤的光纖，他們只是不想讓別人知道這一點而已。所有華爾街的大券商中，高盛是最容易搞定的。「高盛很爽快的就答應簽了。」這位員工說。

但就在華爾街大券商紛紛簽下合約的期間，光纖工程卻突然喊停了。

這項工程一路下來，本來就挫折不斷。打從出了芝加哥之後，為了穿過卡魯脈河底下一二〇英尺，工程隊就失敗了六次（不過正當他們打算放棄、改繞道而行時，卻意外發現一條已經廢棄四十年的百年老隧道）。而且原本預定離那斯達克交易所最近的擴大器放置地點，是在紐澤西愛爾發市（Alpha）一個購物中心附近，但遭到地主拒絕。「他說這種設備會成為恐怖分子攻擊的目標，他不要自家附近有這樣的東西。」史派維說：「你得非常小心，隨時都有意想不到的鳥事發生。」

金融史上最讓人掉下巴的事件

賓州所冒出的難題，超乎史派維原先的想像。

這條光纖分兩頭進行。由東向西的那段工程，最後會遇到桑布瑞市（Sunbury）的一座小森林，就位於蘇奇哈娜河（Susquehanna River）的東岸；而由西往東的那一段，則得先穿越蘇奇哈娜河，河面寬得驚人，能從河底穿過的鑽爆機，全世界只有一台，而且租一台的費用高達兩百萬美元。但在當時——二〇一〇年六月——那台鑽爆機正在巴西施工。「我們所需要的鑽爆機正在巴西？」史派維說：「這消息讓我有點吃驚，顯然，有人也在用這台機器。那我們什麼時候才能租到呢？」還好，最後他們終於取得賓州橋梁管理機關的同意，讓他們的光纖可以貼在橋底下，跨越蘇奇哈娜河，不必大費周章地鑽入河底。

沒想到，技術問題才剛解決，緊接著又冒出新麻煩。因為，過了橋之後，道路一分為二，一條往北，一條往南，你想往東？抱歉，沒路可走，盡頭處你只能看到一塊看板，寫著：歡迎光臨桑布瑞市。

擋在往東方向的，是兩個大型停車場。一個隸屬於一家生產吊纜、名為「電纜工」（Wirerope Works）的公司，另一個由一家叫做「懷斯超市」（Weis Markets）的百年老超市所擁有。如果無法穿過停車場，這段由西向東的光纖，想與由東往西而來的那段銜接，就得大費周章地繞過整個小鎮。但「懷斯超市」和「電纜工」對於史派維的工程不是充滿疑慮，就是強烈不滿（或者兩者都有），總之，都不回史派維電話。

史派維估算過，如果要繞道而行，至少得多花幾個月的時間、花更多錢，同時讓速度變慢四毫秒。這一來，也勢必無法如期兌現承諾，開放給那些已經付了一千多萬美元的華爾街客戶使用。由於不明原因，「電纜工」公司的人非常討厭史派維在當地合作的包商，所以根本不想理這家包商；「懷斯超市」就更棘手了，負責人的祕書告訴史派維的公司，說老闆跑去參加高爾夫球巡迴賽，無法取得聯繫，但其實「懷斯超市」內部早就心意已決，要拒絕史派維的要求，只是不想正式告知史派維而已。這主要是因為，這條光纖太靠近「懷斯超市」在附近的冰淇淋工廠，如果答應永久租用給史派維，萬一將來冰淇淋工廠想要擴建，就會格外困難。

到了那年七月，這項工程被迫全面停擺。

但說也奇怪，就在這時，「電纜工」公司突然改變了心意，同意史派維的提議（對於這個轉折，史派維到現在還是不知道真正原因）。而就在取得停車場下方約十呎寬的通道永久使用權的隔天，史派維發出了第一份新聞稿，宣稱「從芝加哥到紐澤西之間的資料來回傳輸時間，現在只需要十三毫秒。」「那是金融史上最讓人掉下巴的事件之一。」史派維說。

即便如此，究竟這條光纖有什麼用途，負責架設的工人們還是摸不著頭緒。大家只知道，那些華爾街的人超想、超想、超想要這條光纖，而且也很想把別人擋在門外。有一次，史派維去拜會華爾街上某家大公司時，告訴對方假如一次繳清，租用光纖的價格是一千零六百萬美元，倘若要分期付款，價格大約兩千萬。該公司老闆說，他需要想一想。

後來，他回覆時，只問了史派維一個問題：「你可以把價格提高一倍嗎？」

第2章

誰在搞鬼？

是的，有人暗地裡操控了股市

布萊德·勝山（Brad Katsuyama，以下稱小布）壓根沒想過，美國爆發的那場金融危機，跟他有什麼關係。

當時，他在加拿大皇家銀行（Royal Bank of Canada）上班。該銀行雖然是全球第九大券商，卻很少人會把這家銀行與華爾街聯想在一起。它穩健經營，而且相對正派——因為後來大家都看到了，該銀行的確在金融風暴發生之前，抵擋了暴利的誘惑，拒絕承做有問題的美國次級房貸業務。

回到二〇〇二年，皇家銀行為了「進軍」華爾街，把當時才二十四歲的小布派到紐約。但說來難堪的是，華爾街根本沒多少人注意到皇家銀行的「進軍」這回事。一位從摩根史坦利跳槽到皇家銀行的交易員就形容：「我去了那裡之後，那種感覺是……靠，這下誰會鳥我？」小布自己也說：「加拿大總部的人老是說，美國公司的人，薪水都太高了！但他們不明白的是，之所以薪水會這麼高，正是因為在美國這裡，根本沒人要來皇家銀行上班——這家銀行是 nobody！」

華爾街上，來了一位加拿大小子

被派到美國之前，小布沒認真研究過華爾街與紐約市，所以那是他第一次親眼目睹美式生活態度，美、加兩地之間的差異，也讓他震撼不已。「每一件事情，看起來都過了頭。」他說：「我在那裡一年，所遇到態度很差的人，比我過去一輩子所遇到的都要多。很多人花的比賺的多，然後都是靠借錢度日，這一點是最讓我震驚的。在加拿大，很少人願意向別人借錢，欠債是種罪惡，我自己就從來沒欠過人家錢——從來沒有。但我到了這裡，一個房仲業務告訴我，以我的收入，可以買一棟兩百五十萬美元的公寓。我心想，聽你在鬼扯！」

但在美國的確如此，就算是遊民，都不會太節儉。以前在多倫多時，小布常會在銀行辦的豪華宴會後，把吃不完的東西打包，送給一位每天上班途中都會遇到的遊民，那位遊民很感謝他。來到紐約，他遇到的遊民更多了，於是他剛開始會趁周圍的人不注意，偷偷打包食物給這些露宿街頭的人。沒想到，「遊民只是看著我，一副『這傢伙在幹嘛？』的樣子。」小布說：「我後來就不再送食物了，因為根本沒人鳥我。」

在美國，小布也發現人們會在意他與別人之間的差異──以前在加拿大時，他壓根不會去想這種問題。生長在多倫多近郊一個白人社區，他是社區裡少數的亞裔孩子之一。但他從來不談自己的家族來歷，周圍的人也不在意他的族群背景──直到他來到紐約。有一次，皇家銀行因為擔心同事中的族群不夠「多元化」，特別找了他和銀行裡另外幾位「非白人」去開會。在會中，每個人得輪流發言，說說自己「身為皇家銀行裡少數族群的感受」。輪到小布時，他說：「說實話，我唯一覺得自己是少數族群的時候，正是現在這一刻。假如你們真想鼓勵多元化，就不應該讓員工覺得自己是少數族群。」說完他就離開了，但其他人仍繼續開會。

這段插曲，不僅幫助我們認識紐約，也讓我們更了解小布這個人。從小，他就不喜歡被貼上特殊標籤。七歲那年媽媽告訴他，他被認定為資優生，因此可以選擇去念一所更好的學校。但他告訴媽媽，他想留在普通學校，跟他原來的朋友在一起。到了高中，田徑教練認為他是明日之星（他短跑四十碼只花了四．五秒），但他卻跟教練說，他比較喜歡團體運動，因此繼續留在曲棍球與美式足球隊。高中畢業時，成績超好的他原本可以拿到任何學校的獎學金，但他卻決定和女友與一位足球隊的好友，一起去念距離多倫多約一個小時車程的威福勞爾（Wilfrid Laurier）大學。

以優秀成績從威福勞爾大學畢業後，他就到皇家銀行當交易員了。倒不是因為他對交易特別有興趣，而是他實在不知道該做什麼別的謀生。從皇家銀行交易大廳望出去，是世貿雙塔的原址。小布剛到紐約報到時，皇家銀行正在進行一項空氣品質評估，確保員工能安全無虞地呼吸。不過久而久之，人們漸漸忘了曾經發生的事；望著眼前的空地，也漸漸不再想起世貿雙塔。

小布在華爾街的前幾年，主要是從事美國高科技與能源股的交易，後來被拔擢負責股票交易部門，底下有二十幾位交易員。在皇家銀行交易大廳上，他們有一個所謂「拒絕渾蛋」的默契——假如來求職的人，看起來就一副華爾街渾蛋的樣子，管他自稱能為公司賺進多少錢，公司也絕對不會雇用他。他們甚至還為這樣的企業文化取了個暱稱，叫做：「皇家銀行nice」。

對小布來說，這暱稱也太「加拿大」風格了點，但說實話，他自己還真是貫徹這種風格的人。帶人，他說，最好的方法就是讓大家相信，你能幫助他們的生涯成長，而要讓大家相信，最好的方法就是讓大家的生涯成長真正受到幫助。

當時的小布並沒有發現，他所從事的工作與他的價值觀之間，有什麼衝突之處。他覺得自己可以在華爾街當交易員，同時保持自己原有的習慣、品味、世界觀與人品。剛開始的那幾年，也的確如此。「他就是我們的金童，」一位前同事說：「我們都覺得他有一天會接管整家銀行。」一直以來，小布信任金融體系，而體系也信任他。這也就是為什麼，當他發現自己遭到金融體系背叛時會震驚不已。

電子交易，我們真懂嗎？

事情要從二〇〇六年說起。當時，皇家銀行花了一億美元，買下一家叫做「卡林金融」（Carlin Financial）的電子交易系統公司。但看在小布眼中，加拿大的長官們要嘛不了解這家公司，要嘛就是根本對電子交易沒概念。因為，就在買下「卡林」之後，公司內部爆發了嚴重的文化衝突。小布發現，如今自己得和一群完全不一樣的美國交易員並肩作戰。

兩家公司合併的第一天，有位女同事打電話給小布，很小聲地說：「怎辦？這裡有個穿著吊帶褲的傢伙，手上揮著球棒走來走去……」其實，這位老兄不是別人，正是「卡林」的創辦人兼CEO，名叫傑瑞米．弗洛姆（Jeremy Frommer），是個風格與皇家銀行截然不同的人物。他的招牌動作之一，就是把二郎腿翹到桌上，一邊讓人擦拭他的皮鞋，一邊用力舞動球棒；他也會刻意跑到交易大廳上，大聲嚷嚷「某某人，你可能會被炒魷魚喔」之類的話。有次他回母校艾爾巴尼大學（University of Albany）演講，談到自己成功的祕訣時，他還真是這麼說的：「我是搭頭等艙沒錯，但對我而言還不夠過癮，我得知道有哪些朋友還在搭經濟艙，我才會覺得滿意。」

「弗洛姆這個人很情緒化，易怒，講話很大聲——總之，跟典型加拿大人完全相反。」一位皇家銀行前主管說。「對我來說，多倫多是另一個世界。」弗洛姆自己也承認：「我很不適應，就像一位棒球打擊者，再也不能像過去那樣揮棒了的感覺。」

但每揮一次球棒，弗洛姆都打在這群加拿大人最敏感的地帶上。例如兩家公司合併後，弗洛姆就自作主張地安排了第一場耶誕派對。一直以來，皇家銀行的耶誕派對都是比較傳統的，但弗洛姆逕自租了「馬奇」（Marquee，一家位於曼哈頓的知名夜店）的場地。「皇家銀行是絕對不會跟馬奇有任何瓜葛的，」一位曾經在皇家銀行的交易員說：「每個人當下的反應，都是心想：天啊，這是什麼鬼？」「我走進去這家夜店，裡頭九成的人我全不認識，」另一位交易員說：「那個場合，就像置身拉斯維加斯飯店大廳的酒廊。一堆半裸女人在那裡走來走去兜售雪茄，我心想，這些人為什麼會出現在這裡？」

合併後，弗洛姆帶入了一堆與這家老派銀行截然不同類型的員工。「卡林公司女員工的長相，跟皇家銀行的非常不同。」另一位前交易員語帶保留地說：「你會有種感覺，覺得這些女人之所以會被雇用，就是因為她們很辣。」不只如此。「卡林」還設了一個黑市交易室，裡頭的交易員有的前科累累，有些甚至即將要去坐牢——例如其中一位交易員，就是齊高夫（Zvi Goffer），他後來因為在前一家公司工作時涉入內線交易，而被判監禁十年。

還有，在皇家銀行，員工們六點半就會上班，「卡林」的職員，一直到八點半才來，而且會一副沒睡好的樣子；皇家銀行的人總是低調有禮，「卡林」的人則粗魯張狂。「他們常會誇大、瞎掰自己與客戶之間的關係，」一位現任皇家銀行業務員說：「他們會掰說自己跟某某大咖——例如避險基金天王級人物鮑爾森（John Paulson）——超熟的，但如果你打電話去問鮑爾森，他可能根本想不起這人是誰。」

當時，皇家銀行要小布的整個部門，從原本在世貿大樓的辦公室遷到「卡林」在市中心的另一棟大樓。至於原因究竟是什麼，小布也不是很清楚，只是隱約覺得加拿大的長官們認為，電子交易是未來趨勢——即便他們未必明白原因，甚至沒搞懂究竟什麼是電子交易。

但這一搬，卻為小布帶來很大的麻煩。

打開電腦，看見……幻覺

搬到「卡林」辦公室後沒多久，他們就聽到了弗洛姆出了名的經典簡報。站在自己辦公室牆上的電腦螢幕前，「他說，現在要在市場賺錢，全要靠速度。」小布回憶：「交易，就要靠速度。他說，接下來我就要讓你們見識一下，我們系統的速度有多快。」

「弗洛姆轉頭對旁邊負責操作電腦的人說：來，輸入一筆買單！那人照做了，然後這筆單子出現在螢幕上，大家都看到了。這時弗洛姆說，你們看，是不是很快！但其實旁邊那傢伙只不過是在鍵盤上輸入股票名稱，然後讓名稱顯示在螢幕上而已。弗洛姆接著繼續說，來，再輸入一次！然後旁邊那人又按了一次Enter鍵。當時是下午五點，市場已經收盤，根本沒辦法交易，但是弗洛姆卻一副真的成交速度很快的樣子。」小布心想：「這傢伙，到底在搞什麼？」

就在弗洛姆出現在小布的世界後，股市也變得怪怪的了。皇家銀行買下「卡林」的電子交易系統之前，小布的電腦操作一切正常。現在，突然間，他的電腦不靈光了。

在這之前，當他的螢幕顯示有一萬股Intel股票要賣，賣價每股二十二元，意味著他可以用每股二十二元買到一萬股Intel，他只需要按下鍵盤買進即可。但是到了二〇〇七年春天，當電腦螢幕顯示有一萬股、每股賣二十二元的Intel股票要賣時，他按下鍵盤要買進的那一剎那，所有賣單卻憑空消失得無影無蹤。當了七年交易員，他以前只要望著電腦螢幕，就能「看見」股票市場；但是現在，螢幕上呈現的再也不叫市場，彷彿只是幻覺而已。

對小布來說，這是個嚴重的大問題。身為交易員，小布的工作是負責撮合大戶（要買賣大量股票）與公開市場上的散戶（買賣數量較小）。假設有個大戶要賣三百萬股的ＩＢＭ，但市場只顯示有一百萬股的買單，那麼小布就會先把三百萬股ＩＢＭ全部吃下，然後立刻賣出一百萬股給散戶，剩下的兩百萬股，則慢慢在接下來的幾個小時裡設法分批脫手。但如果他不能掌握市場上有多少人想買，他就沒法為賣家報價。他的角色能為市場帶來更高的流動性，但此刻的電腦螢幕，卻讓他沒法達成任務——無法掌握的風險，誰敢去冒？

到了二〇〇七年六月，問題已嚴重到不容坐視了。當時，新加坡有家叫做 Flextronics 的電子交易業者，宣布有意以每股近四美元的價格，買下一家規模較小的競爭對手 Solectron。有位大客戶打電話給小布，說想趁機賣掉手中的五百萬股 Solectron 股票，於是小布查了一下市場（紐約證交所與那斯達克），顯示的是三．七～三．七五，意思是：你可以用三．七美元賣出，用三．七五美元買進。不過，以這樣的價格，在當時只能賣出約一百萬股。

這位大戶打給小布，就是希望小布能吃下所有五百萬股，擔下沒賣掉的四百萬股的風險，而這位大戶願意以每股三．六五美元（比市價低一點）賣給小布。但就在小布吃下股票之後，卻發現市場出現了詭異的變化——他原本以為，要賣掉這一百萬股不成問題，但結果卻只賣掉了幾十萬股，並引發股價一度小崩盤。市場彷彿看穿了小布想幹嘛似的，總搶在他前面掛出更低的價格，等著他送出賣單。最後，當他把全部五百萬股賣掉，反而倒賠了一大筆錢。

這樣的事，按理講不應發生。因為，要讓一檔冷門股的價格上漲，只要吃下開價最高的賣單即可。但以Solectron的情況來說並非如此，一家即將以某個價格被收購的公司，股票通常會被熱絡地交易，而且價格區間不會拉開太遠——應該說，不會有什麼太大的變化。尤其，照理講買方不會在他送出賣股票訊息的剎那突然消失。

於是，就像我們遇到電腦失靈時的做法一樣，他打電話請卡林的工程人員協助。

是技術太爛，還是其中有鬼？

剛開始，電腦工程部的人懷疑，是小布自己操作錯誤（這是他們最常見的一種假設）。「他們常會把我們這些交易員當成一群科技白癡。」小布說，他告訴工程人員，他所做的不過是按下鍵盤而已——不可能會出現什麼「操作錯誤」。

當發現問題的確比「操作錯誤」複雜時，負責處理的工程人員層級也跟著升高。「他們開始派負責產品的人來，這些人看起來終於像是技術專家了，但是……」小布說，當他向對方解釋，螢幕上照理說應該呈現股票市場的實際概況，但現在卻失去了這樣的功能，對方卻只能呆呆地望著他，同樣不明所以然。

後來，「卡林」終於派出「產品開發人員」來協助他。當初在談合併時，這些人也來過皇家銀行。「你平常很少看到這些印度人和中國人在交易大廳走動，大家都說，他們是公司的金雞母。」但這幾位開發人員同樣認為，問題不在電腦，而是出在小布身上。「他們說，那是因為我人在紐約，交易所在紐澤西，所以我所看到的市場資訊會比較慢；他們說，這是因為市場上有數以萬計的人在同時交易，不是只有我一個人想買賣股票。」

如果真是如此，小布問對方，那為什麼**只有**當他想要買賣某筆股票時，才會發生這種事？為了讓對方明白他的意思，小布要他們看著他操作。「我要他們看仔細：我現在要買十萬股的安進（Amgen）公司股票，目標價是每股四十八元。而現在，電腦顯示整個股票市場上，正有十萬股的安進要賣，每股就是四十八元——其中一萬股在BATS線上交易所、三萬五千股在紐約證交所、三萬股在那斯達克、兩萬五千股在Direct Edge交易所。哪，螢幕上你們都可以看到。我們就這樣，全盯著螢幕看，然後我把手指放到鍵盤的Enter鍵上，大聲數到五……」

「一……」

「二……看，沒有什麼動靜。」

「三……看，十萬股的賣單都還在，每股要賣四十八元……」

「四……」

「五！我按下 Enter 鍵，登愣！那些原本還在螢幕上的賣單，這下全消失了！然後，股價往上漲了！」

幾位開發人員沒說什麼。「他們只是說，嗯嗯，我們回去研究看看是怎麼回事，然後就再也沒來過了。」打過幾次電話追問，依舊沒下文後，小布也放棄了。

當時他猜想，應該是「卡林」的技術太遜了。無論原因是什麼，同樣的情況反覆出現：只要他想針對螢幕上所顯示的行情下單，行情立刻出現變化。而且不只有他遇到這個問題，所有他底下的交易員都遇上同樣的狀況。

與此同時，皇家銀行必須付給交易所的費用，也突然飆升，但小布完全不知道是什麼原因。二〇〇七年底，小布算了一下，「這為我們造成了數百萬美元的損失，」他說：「錢就這樣默默賠掉了。」他在多倫多的長官要他想辦法，控制不斷增加的交易費用。

猜猜看，美國現在有幾個股票交易所？

其實在那之前，小布並不覺得證券交易所的存在，有什麼特別的學問。當他在二〇〇二年抵達紐約時，美國有高達八成五的股票交易，都是在紐約證交所進行的，而且有些還是透過人工撮合；剩下那些不是在紐約證交所交易的股票，則全在那斯達克交易。沒有任何股票，可以同時在兩邊交易。後來，由於外界抨擊這兩大證交所壟斷了交易市場，有官商勾結的嫌疑，於是在美國證管會積極主導下，兩大交易所轉型為營利事業，並且開放競爭。到了二〇〇八年，美國總共出現了十三家公開證券交易所（public exchanges），其中大部分設於紐澤西北部。

大體來說，一檔股票無論在哪個交易所掛牌，現在都能在這十三家交易所裡買賣。你還是可以在紐約證交所買賣ＩＢＭ股票，但現在在ＢＡＴＳ、Direct Edge、那斯達克、Nasdaq BX等等交易所，也同樣可以交易ＩＢＭ股票。過去，我們總認為股票交易得靠人工來撮合，那樣的時代也結束了。今天，無論是紐約證交所、那斯達克或其他新冒出的交易所，全都是一台台的電腦伺服器，裡頭安裝著叫做「撮合引擎」的軟體。在這些交易所買賣股票，不再需要打電話給某個營業員，而是直接在你的電腦裡輸入想要交易的股票，然後傳送到這些交易所的撮合引擎即可。在華爾街的大券商裡，過去那些負責向大客戶兜售股票的人，現在全改頭換面了，他們現在改賣運算方法——也就是銀行自己開發的專屬操作軟體。

這也就是為什麼，皇家銀行會那麼緊張，緊張到去買下「卡林」。目前，像小布這樣的交易員還有生存空間——在大客戶與小散戶之間扮演撮合者角色，但這空間也越來越小了。

與此同時，美國證券交易所的獲利模式，也跟著改變。過去，他們對每一家券商的每一筆股票交易，收取固定的手續費。但是現在，以電腦取代人力之後，交易不但變得更快、更複雜，也讓交易所訂出了一套複雜無比的費率與回饋金計算制度。這套稱為「造價—受價制」（maker-taker model）的收費標準，就像其他華爾街的發明，其實根本沒人搞懂過——包括專業投資者在內。

假設你要買蘋果公司的股票，而目前市價是四〇〇～四〇〇．〇五。如果你直接進場以四〇〇．〇五元買進，那你就會被歸類為受價者（taker）。相反的，如果你堅持要以四〇〇元買進，然後真有人以這個價格賣給你，那你就是造價者（maker）了。一般來說，交易所會向受價者收取每股幾美分的手續費，付給造價者少一點的費用，然後自己賺取中間的差價。但也不是所有交易所都如此，像ＢＡＴＳ，就是倒過來向造價者收取費用，然後付錢給受價者。

這一切，對於二〇〇八年初時的小布而言，都是前所未聞的。「我以為所有交易所都是向我們收取固定的費用，」他說：「我心想：什麼？居然有人願意付錢給我們，讓我們交易股票？」

我是交易員，居然不知道這家交易所的存在

自以為聰明的小布，決定修改電腦程式，把所有交易全導向收費方式對皇家銀行最有利的交易所——當時，正好是ＢＡＴＳ，因為他以為可以從ＢＡＴＳ那裡賺到費用。「那是場大災難。」小布說。因為，無論他想透過ＢＡＴＳ買哪檔股票，那檔股票的賣方就會憑空消失在螢幕上，害得他無法交易；緊接著，那檔股票的價格也立刻與他所設定的目標價越來越遠。最後，他不但無法如願地從ＢＡＴＳ那裡嘗到甜頭，反而越賠越多。

其實小布也搞不懂，為什麼有些交易所會向造價者收費，然後付費給受價者，有些交易

所則完全相反——付費給造價者，向受價者收費。他問過很多人，沒人能說出個所以然。在小布看來，這簡直詭異極了。「為什麼交易所要付費給受價者？為什麼會有人願意付錢，只為了讓股票能成交？是什麼樣的人，會做這麼不合理的事？」

他去問銀行同事，也上網google，但沒google到什麼資料。有一天，他跟一位加拿大的同事聊起這件事，這位同事專門負責為小散戶交易股票。「有人一直在占我便宜，但我查不出是怎麼回事。」小布說：「這位同事告訴我，現在的股市的確比以前熱鬧多了。我問他，『熱鬧』是什麼意思？他說，就是有更多交易所了，比方說最近有家新成立的，市占率已經有一〇%了。」

同事說，這家交易所叫做景高投資（Getco）。「但我從來沒聽過有景高投資這家公司，聽也沒聽過，」小布說：「而這家公司的市占率居然已經一〇%了？怎麼可能？這簡直太誇張了：美國有十分之一的股票在這家交易所買賣，而我這華爾街交易部門的主管，居然一無所知。」

還有，為什麼反而是一位遠在加拿大、負責服務小散戶的交易員，會比他還早知道呢？

小布不是第一天出來混，世界上本來就是正邪兩立，他很清楚，但他相信邪不勝正。不過現在，他開始動搖了。當他跟我們一樣，目睹了美國大企業的所作所為——操弄信評公司，硬把高風險的貸款評為低風險；明知道次貸商品會害人，仍一手賣給客戶，然後另一手做空……，他懷疑起自己的信念。這輩子，他頭一次這樣想：如果自己要贏，就得讓別人輸；或者倒過來也一樣，別人的勝利，必須建立在他的失敗之上。

他不是那種會跟人爭個你死我活的人，但似乎不知不覺的，踏上了一個你死我活的行業。這樣的壓力，漸漸影響了他的健康。於是到了二〇〇九年初，他決定：離開華爾街。

當時他剛訂婚，每天下班後，與在佛羅里達州傑克森維爾市（Jacksonville）長大、剛從密西西比大學畢業的未婚妻艾許麗‧琥珀（Ashley Hooper），討論接下來要搬去哪住。從聖地牙哥、亞特蘭大、多倫多、奧蘭多到舊金山，都在他們的討論範圍中。小布不知道自己接下來能幹嘛，他只想趕快離開華爾街。「我想過去藥廠當業務，或是賣什麼都行。」他說，自己本來就沒想一輩子待在華爾街。

說來有趣，他從來不怎麼看重金錢，雖然皇家銀行一年付給他接近兩百萬美元的年薪。他熱愛的是工作——尤其是他真心喜歡那些與他共事的人。過去，他喜歡留在皇家銀行，是因為這裡給他很大的發揮空間，讓他可以做自己喜歡的事。但是現在，這家銀行（或是整個市場，也可能兩者都是）正逼著他去做自己不喜歡的事。

跳出泡泡，回頭觀察交易員操作

剛好就在這時，皇家銀行也有了新動作：二〇〇九年二月，決定與弗洛姆分道揚鑣，並希望小布幫忙物色接替人選。雖然，當時的小布已經打算離開，還是替公司負責一場又一場的面試。但最後他發現，整個華爾街基本上並沒有人真正搞懂電子交易這件事。「問題是手中要負責客戶的人，」他說：「基本上對於背後的技術一竅不通。」

今天的市場，受到「人」的影響越來越少，被電腦左右的情形則越來越多。當然，電腦是由人在操作沒錯，但大部分操作電腦的人並不知道背後是怎麼運作的。小布知道皇家銀行原來的電腦系統不算好，但新買來的問題更多。而一連串面試下來後他發現，原來很多銀行的狀況都是如此。「我以前一直是交易員，」他說：「而身為一個交易員，你有點像活在一個泡泡裡，每天就是盯著螢幕看。但現在我往後退一步，也第一次換了個位置去觀察別的交易員。」

他有個好朋友，在康乃狄克州一家很有名的避險基金（叫做 SAC Capital）操作股票。在當年，該基金因為總是領先市場而赫赫有名（不過很快就聲名狼藉了）。如果要請教一個最懂市場的人，小布心想，就是這位老友了。於是，在某個春天的早晨，他特別跑了一趟康州，親自去看看他的朋友是怎麼交易的。

他立刻就發現，雖然他這位老友用的是高盛、摩根史坦利等大券商所提供的技術，但所遇到的問題與自己在皇家銀行所遇到的狀況一模一樣：你再也不能相信螢幕。每當這位朋友想買進或賣出某檔股票，這檔股票的股價立刻朝對他不利的方向移動。「我看著他交易，看著他被耍，我知道原來不只是我遇到這個問題。我的困擾，也是大家共同的困擾，我心想，**哇！這下事情大條了**。」

「也正是那一次，我很確定：有人在暗地裡操控美國股市。而且我確信，搞鬼的一定是電腦科技，只是不知道問題出在哪。想要知道答案，唯一的辦法，就是深入挖掘真相。」

但是靠小布自己，根本不可能深入挖掘什麼真相。身邊的人都以為，他是黃種人，所以一定很懂電腦。可是實際上，他是那種連錄影機都不會操作的人。幸好，當他遇到電腦專家時，他知道怎麼判斷對方到底是真懂還是假懂。其中一位真懂的，他認為，是勞勃．帕克

（Rob Park）。

終於找到破解問題的完美人選

帕克也是加拿大人，是皇家銀行的傳奇人物。打從九〇年代末還在念大學時，他就對一件事很感興趣：如何讓一台電腦，能像一個優秀操盤手般思考。「我最感興趣的，」帕克說：「是找出頂尖交易員的思考模式，然後複製到電腦上。」小布與帕克其實只在二〇〇四年共事過一小段時間，之後沒多久帕克就離開，自己創業去了。但兩人非常投契，小布把自己的操盤心法與帕克分享，然後帕克再把這套心法轉換成電腦代碼，最後成了皇家銀行的運算程式。

這套程式是這樣運作的：假設一個交易員要買十萬股通用汽車股票，這程式會先掃描市場，如果發現市場上只有一百股要賣，這時候，沒有任何聰明的交易員會去買這一百股而打草驚蛇，因為市場「太淺」了。但話說回來，為什麼一個交易員會在這時候想買進通用汽車股票呢？

帕克所寫的這套程式，就設定了一個「買進點」：只有當市場上的賣單數量，高於「史上平均賣單數量」時，才會買進。也就是說，市場「夠深」才會買。「他這麼做是有道理的，」小布說：「他做的每一件事都深思熟慮，也因為他很深入想過，所以總是能把他的想法清楚解釋給別人聽。」

將帕克延攬回鍋後，小布終於找到一個有辦法破解問題的完美人選。而對帕克來說，小布則是一個能把他們的研究結果清楚告訴全世界的人。

第一次聽到「快閃」這個詞

當皇家銀行決定，放棄找人接替弗洛姆的位子，轉而要小布接手解決電子交易所遭遇的問題時，小布其實並不意外。倒是周圍的人聽說了小布的新任務，都大感意外。一來，小布靠著掌管一群交易員——人，不是電腦——每年穩穩的有兩百萬美元入袋；二來，皇家銀行幹嘛要搞什麼電子交易？電子交易市場競爭激烈，早就被高盛、摩根史坦利與瑞士信貸長期占據，皇家銀行能搶到的，頂多就是像「卡林」這樣的公司而已。

於是，小布問「卡林」裡這群「金雞母」的第一個問題是：我們打算怎樣獲利？「卡林」的人很快就給了答案：開設皇家銀行的第一個「暗池」。原來，這群金雞母一直在忙的就是這件事——為暗池寫程式。

說到「暗池」，這是金融市場另一個諱莫如深的地帶。一般由大券商經營的證券交易所，沒義務向外界透露裡頭的運作方式。沒錯，他們會公布所執行的交易細目，但都是過了一段頗長時間之後才公布，因此外界根本不可能知道在交易的當下，實際情況究竟如何。對外界來說，暗池內部的運作方式一直是個謎，到底哪些買單會買到、哪些賣單能賣出，只有經營暗池的券商才知道。

不可思議的是，這些華爾街大券商其實都告訴他們的大客戶：不透明是有好處的。他們的理由是這樣的：比方說，假如富達要賣一百萬股的微軟股票，最好是透過像是瑞士信貸這樣的銀行所經營的暗池賣出，而不是自己拿到公開市場上去賣。因為這一來，公開市場上每個人都會因此知道有個大賣家、要拋出大量股票，也因此勢必會造成微軟股價大跌。但在暗池裡，除了負責的交易員之外，沒有人知道是哪些人在買賣哪些股票。

而如果皇家銀行要設立並經營自己的暗池——小布後來知道了——每年大約得花四百萬

美元左右。於是，他問「金雞母」的第二個問題是：我們要怎樣利用這個暗池，每年賺超過四百萬美元？

金雞母說，有了暗池之後，他們可以自己為客戶撮合同一檔股票的買家與賣家，因此會省下很多每年原本要付給交易所的費用。舉例來說，如果有一位客戶要買一百萬股的微軟，另一位客戶要賣一百萬股微軟，那麼他們就可以直接在暗池中讓雙方成交，而不必送到那斯達克或紐約證交所去撮合。

理論上，這樣很有道理；但實際上未必。「問題出在，」小布說：「皇家銀行的市占率只有二％，我問他們，過去我們的客戶中出現同時想買賣同一檔股票的頻率有多高？結果沒有人分析過。」後來他們分析的結果顯示，假如皇家銀行自己搞了一個暗池，每年大約也只能省下約二十萬美元的交易費用。「我問他們，請問，這樣能賺到錢嗎？」

一位電腦程式設計師告訴小布，其實除了省下給交易所的費用之外，如果開放暗池讓皇家銀行以外的交易員使用，還能賺到不少錢。「他們告訴我，有一堆人等著花錢來用我們的暗池呢。」小布回憶說：「當時我問他們，誰會想花錢來用我們的暗池？他們說：高頻交易員。」

無論怎麼想，小布都想不通，為什麼會有別的交易員願意花錢，跑到皇家銀行的平台來交易？「我覺得詭異極了，」小布說：「於是我決定，既然聽起來沒有什麼好處，那就別搞皇家銀行的暗池吧。」這個決定，讓很多人超不爽。於是有人開始懷疑，小布到底是在為公司的利益打算，還是心中另有圖謀？

當然沒有。真正占據小布心中的，其實是一連串不解的疑惑：為什麼有了這麼多交易所、這麼多暗池之外，還有近六十個可以交易股票的地方——而且大都集中於紐澤西？為什麼那些交易所的收費標準不斷改來改去？還有，同樣是買賣股票，為什麼有些交易所向你收費，有些卻會付費給你？那家小布從來沒聽過的景高投資，市占率居然已經高達一〇％，又是怎麼辦到的？為什麼那位遠在加拿大的小交易員，會比人在紐約的小布，更早聽說有景高投資這家交易所？那些在他電腦螢幕上消失的交易，究竟是怎麼回事？

二〇〇九年五月，美股爆發的一起弊案，為小布的疑惑再添一筆。美國參議員查爾斯．舒默（Charles Schumer）寫了封信給證管會（然後發新聞稿告知全天下他寫了這封信），指控多家交易所「讓高頻交易業者能搶在別的投資者之前，率先取得交易資訊。只要付一些費用，交易所就會把買單與賣單的資料，在公開給所有投資者之前的不到一秒前，快閃（flash）

給這些高頻操盤手」。

這是小布第一次聽到「快閃」這個詞。他心想，為什麼交易所會提供這樣的服務？

按下 Enter 鍵，然後呢？

為了展開調查，小布與帕克組成了一個團隊。

「剛開始，我只是想找一群對高頻交易有經驗，或是曾在大券商待過的人。」小布說。但他所聯繫的高頻交易業者，沒半個人回他電話。

倒是要找曾經待過大券商的人不難。畢竟，當時一大堆人被華爾街掃地出門。這些人原本懶得瞧皇家銀行一眼，現在卻排著隊來求職。「我面試了超過七十五人，」小布說：「結果一個也沒錄取。」因為這些人都一樣，雖然號稱待過電子交易部門，但顯然對電子交易背後的運作一無所知。

在這種情況下，與其等著履歷表送上門，小布決定主動聯繫那些曾經待過大銀行資訊部門的人。最後，他所組成的團隊裡有比利．趙（Billy Zhao），前德意志銀行軟體工程師；

約翰・施華爾（John Schwall），前美國銀行電子交易部門經理；以及丹・艾森（Dan Aisen），剛從史丹福拿到電腦科學學位的二十二歲年輕人。小布與帕克選擇落腳在紐澤西——也就是金雞母們上班的地方，並在那裡認識了華裔程式設計師艾倫・張（Allen Zhang，以下稱他小張），他正好曾為暗池寫過程式。小布發現，小張對於傳統上班族的生活一點也沒興趣，他喜歡單兵作戰，是個夜貓子，而且不喜歡把頭上的鴨舌帽拿下來——帽簷總是壓得低低的，看起來一副沒睡飽的樣子。

團隊組好後，小布說服加拿大的長官們，開始針對美國股市進行一系列實驗。接下來幾個月，他與團隊會繼續進場交易，但不是為了賺錢，而是要驗證他們的假想，試著回答他們心中的疑問：電腦螢幕上的買單與賣單，為什麼會突然消失？為什麼螢幕上明明顯示有兩萬股IBM股票要賣，但是當他想要下單買進時，卻只能買到兩千股？為了讓小布能找出答案，皇家銀行允許他，可以在每天賠不超過一萬美元的前提下進行實驗。

顯然，第一個必須先測試的，是公開市場——也就是由紐約證交所、那斯達克、BATS與Direct Edge這四大業者旗下經營的十三個交易所。帕克邀請這些交易所，派代表來皇家銀行回答一些問題。「我們問的都是一些很基本的問題，」帕克回憶，像是「你們的撮合引擎是如何運作的?當價格相同,你們如何安排不同的買單與賣單成交?」但是,交易所派來的都是業務員,根本回答不出來。

「我們一再要求,後來他們派出產品經理,算是對技術比較懂的人,但實際上還是說不出個所以然。最後,他們只好派出負責系統開發的人。」

「我們想知道的是,」帕克說:「從我們按下Enter鍵,到我們的訂單傳送到交易所之間的這段時間,實際過程究竟是怎樣?」

「很多人都以為,按鍵按了就是按了啊,有什麼怎樣?」帕克說:「不是的,過程中會有很多細節,我們知道答案一定就出在這些細節裡,只是還不知道如何把答案找出來。」

帕克的假設之一是:這些交易所不會把所有相同價格的單子綁在一起處理,而是會有某種先後順序。舉例來說,假設你跟我同時下單,要以每股三十美元買進一千股IBM。如果這一千股是先被我買到,那麼有可能你就可以反悔,取消你原先掛出的買單。

「我們開始有點懂了,有人在抽單。」帕克說:「我們在螢幕上所看到的,很可能都只是幽靈買賣單而已。」打個比方說,電腦顯示市場上總共有一萬張蘋果公司的股票要賣,每股四百美元,但這並不等於這一萬張全是由同一個人掛出的賣單,而是由很多較小筆的賣單加總起來的結果。帕克與小布的團隊現在猜想，很可能是排在後面的賣單，看到前面的賣單成交之後抽單了。「我們想要聯繫交易所，問問他們是不是真的這樣操作。」帕克說：「但我們連要怎麼把自己的想法講清楚都有問題。」

兩毫秒之差，能有什麼重大影響？

還有一個更棘手的問題是，他們無法分辨這些買賣單，是來自哪個交易所。假設你要買一萬股蘋果公司股票，最後只順利買到兩千股，你不會知道另外那八千股到底是從哪個交易所消失的。

於是，小張寫了一個程式，讓小布可以把單子傳送到他指定的交易所。小布原本樂觀的以為，這一來應該就可以證明，真的有些交易所——搞不好每一家都這樣——在幹幽靈買賣單的勾當。結果？錯了。當他把買單傳送到一家他指定的交易所之後，他居然與來自所有交易所的賣單都順利成交了！一切正常得很！

這太沒道理了：當你把買單傳到一家指定的交易所，一切正常；但是當你不指定、而是傳給所有交易所時，卻無法順利成交？小布接下來嘗試各種組合——紐約證交所與那斯達克；紐約證交所＋那斯達克＋ＢＡＴＳ；然後是紐約證交所＋那斯達克ＢＸ＋那斯達克＋ＢＡＴＳ等等。結果，讓他們更困惑了：因為他們發現，每增加指定一家交易所，最後能成交的比率越低。

「倒是有一個例外，」小布說：「無論我們指定多少家交易所，最後只有在ＢＡＴＳ能順利全數成交。」

「我完全搞不懂為什麼會這樣，只是心想，ＢＡＴＳ真是不賴！」帕克說。

有一天早上洗澡時，帕克突然想到另一種可能。他想起，小張曾經製作過一個條狀圖，圖上顯示從小布在位於「世界金融大樓」（World Financial Center）的公司電腦，傳送單子到不同交易所時，所花的時間長短。「我突然想到，印象中那些條狀圖有長有短，也就是說：傳送到不同交易所，要花的時間不一樣。」他說：「假如傳送時間是相等的，會怎樣呢？一到辦公室，我立刻衝去找小布，告訴他，我猜想問題出在我們沒有『同時』把單子傳到所有交易所。」

這裡說的「時間落差」，其實是微小到有點可笑的。理論上，從小布的電腦傳輸資料到位於紐澤西州威哈根市（Weehawken）的BATS，大約只要二毫秒；傳輸到位於卡特瑞市的那斯達克則要四毫秒。不過受到流量高低等因素的影響，實際上的差異可能會大一些。但我們光是眨個眼，就要花一百毫秒了，實在很難相信這區區兩毫秒的差別，會帶來什麼重大影響。

小張寫了一支新程式（這回花了他兩天時間），讓小布可以把傳送速度較快的交易所的買單延後發送，這樣就能讓這張買單「同時」傳到不同的交易所。「這樣做當然是開倒車的，」帕克說：「畢竟大家都說速度應該越快越好，結果我們反而決定降低速度。」

有一天早上，我們坐下來測試這套程式。在正常的情況下，當你按下買進指令，卻買不到股票時，螢幕上會閃紅燈；只能買到部分股票時，會閃橘燈，全部交易成功時，則是亮起綠燈。由於小張沒有交易員證照，所以依法不能按下買進指令交易，只能由帕克代他按下。結果，螢幕上顯示的是：綠燈──全部成交了！

「我立刻衝過去找小布，」帕克回憶說：「搞定了！他媽的我們搞定了！我記得小布停了一下，問我：那接下來呢？」

小布這麼問，是有原因的：顯然，市場上有人利用每一筆單子傳送到不同交易所之間的時間差，搶先採取了行動。但知道了這一點，接下來你會怎麼做？你會利用這一點，跟著這些人一起賺錢嗎？

大約過了六秒鐘，「小布當時說，我們得讓更多人知道這個漏洞！」帕克還記得：「要賺這種錢太容易了，但小布選擇不賺。」

索爾，誕生了！

解答了一個疑惑，只是起點而已。「當時是二〇〇九年，」小布說：「這個問題已經困擾我三年了，我不可能是第一個發現這個問題的人，那其他人都在幹嘛呢？」而且，現在小布手上有個現成的產品可以賣給投資者——小張寫的程式，能讓自己所下的單子同時抵達交易所。

於是，他們先讓皇家銀行的交易員試用這套程式。「我還記得就在我的位子上，」帕克說：「聽到他們一個個驚呼，哇！終於能買到股票了！」也就是說，有了這套程式，終於讓交易員們又能好好做自己份內該完成的工作了。

接下來，該為這套程式取個名字了。但小布跟團隊成員想了很久，還是沒什麼好點子。直到有一天，一位交易員跑來大聲嚷嚷。「兄弟，你就叫這套程式ＴＨＯＲ——雷神『索爾』——吧！」小布覺得不錯，於是要人去查一下，ＴＨＯＲ這四個英文字母，可以是哪幾個英文單字的縮寫。但查了半天，沒有理想的答案，於是他們乾脆就直接叫這程式「索爾」了。「遇到問題時，他們會說：『索爾掉它』！」小布說：「當聽到『索爾』被拿來當動詞用，我就知道這生意有搞頭了！」

跟華爾街上幾家大業者談過之後，更讓小布確信這件事真有搞頭。他們所拜訪的第一位客戶，是普信集團（T. Rowe Price）的麥克．紀特林（Mike Gitlin），旗下掌管七千億美元的股票投資。

剛開始，聽到小布揭露的現象，紀特林似乎不怎麼感到意外。「我們也發現，市場變得不一樣了。」紀特林說。但是，小布所點出的問題，紀特林倒是想也沒想過：整個市場上的「誘因」，出了很大的問題。今天，這些交易所基本上決定了普信的單子最後會傳送到哪裡去。有些交易所會付給券商錢，有些則向券商收取費用，我們怎麼知道那些營業員會不會為了自己的好處，而犧牲客戶的權益？答案無從得知。

還有一個同樣詭異的誘因，叫做「交易流量回饋金」（payment for order flow）。有家叫做TD Ameritrade的網路券商，每年光是固定把客戶的買賣單傳給一家高頻交易業者城堡公司（Citadel），就能賺進數以百萬美元計的回饋金收入。但為什麼城堡願意為了取得券商的交易流量，而這麼大手筆地回饋給券商？沒有人能說清楚原因。

過去，在現有的交易所收費結構下，像普信這樣的業者要估算自己的交易成本並不容易；不過現在有一種電腦程式，不但能協助他選擇最有利的交易所，也能算出可以因此而省下多少費用。這套程式就是：索爾。

小布向紀特林說明，可以如何透過索爾省下龐大交易費用。舉例來說，小布的團隊買下一千萬股花旗集團，然後以每股四美元左右賣出，最後結算：省下兩萬九千美元，相當於成交金額的將近〇・一%。看起來似乎不多，但要知道，美股每一天的成交金額平均約為二二五〇億美元，換算下來，每一天可以省下一億六千萬美元。「業者們之所以沒注意到這一點、會被占便宜，」小布說：「正是因為大家無法理解區區微秒之間的巨大差異。」

其實對紀特林來說，光是看見小布這個人的存在，就夠他吃驚了。「皇家銀行裡有最厲害的電子交易高手，是很奇怪的事。」紀特林說：「你很難相信，會有什麼高手願意待在這樣的公司。」

現在唯一能打的，是誠實牌

索爾的誕生，只是這個故事的起點。

小布與他的團隊，正在為危機後的金融市場描繪一個全新的畫面。今天，電視螢幕上照樣有著最新股價的跑馬燈，儘管跑馬燈上所呈現的，只是整個市場微乎其微的一小部分；儘管股票早已不在大廳上交易，股市專家還是會有模有樣地站在交易大廳上，為大眾報導最新行情。

但假如市場專家真要讓大家看到真正的「交易所」，就得走進紐澤西戒備森嚴的大樓裡，走進一台又一台的大型電腦伺服器裡面才行。如果這位專家要分析「整個股市」，或是某檔個股（例如ＩＢＭ）的行情，就得先讀完紐約交易所之外、其他十二個交易所列印出來的全部交易資料，外加券商們自己內部的暗池交易，才算準確。不過，真想這麼做的專家，很快就會發現，根本沒有什麼「列印出來的」交易資料可看。今天的股市究竟長什麼樣子，沒有人能在腦海中浮現出正確的樣貌。

包括小布在內。他只知道，所謂的美國股市，今天不是只有「一個」，而是由紐澤西延伸到曼哈頓之間、很多個小市場所組成。而且，只有在每一筆買單或賣單，都能「同時」送達每一個小市場時，我們才能看見「整個股市」；相反的，假如這些小市場，不是同時——而是有一毫秒之差——收到買單與賣單，那麼就沒有「整個股市」這回事了。

小布現在也很確定：有人搶在他前面「插隊」（front-run），攔截了他的交易——這個人是先從一個交易所獲知他下單要買什麼股票，然後先跑到另一個交易所把股票買下來，再回頭以較高的價格把股票賣給他。他懷疑，這人就是：高頻交易員。「我相信就是這批人搞的鬼，」小布說：「我只是不知道他們是怎麼辦到的。」

大約二〇〇九年底，美國高頻交易業者開始向加拿大的銀行招手，加拿大的銀行只要與這些業者分享客戶的交易資料，就能賺取一大筆費用。小布認為，皇家銀行應該趁著這時跳出來揭露高頻交易業者的伎倆，然後訴求皇家銀行是「唯一不會向客戶揩油的銀行」。「現在唯一能打的牌，」帕克說：「叫做誠實牌。」小布想讓美國與加拿大的股市投資者知道：他們現在成了高頻交易業者口中的獵物，而皇家銀行的新武器「索爾」，能幫助投資者保護自己。

但他要怎麼說服銀行的高層？他手上所有的，是他與團隊的新發現，證明了……對，證明了什麼？證明了股市現在怪怪的？有嗎？對於高頻交易，目前為止他所能理解的，其實跟皇家銀行高層一樣少。「我需要有個來自業界的人，出面印證我的看法。」小布說。

具體講，小布需要的，是一個來自高頻交易業內部的人。

| 第3章 |

玩具反斗城logo的玄機

遇上羅南，恍然大悟

怎麼看，羅南・雷恩（Ronan Ryan）都不像個華爾街的交易員。

慘白的膚色，瘦削的身形，愁眉不展的樣子，會讓你以為他剛經歷過一場饑荒。而且不像一般華爾街交易員，他不會隱藏自己的不足之處，也不會裝出一副自己懂很多、很重要的樣子。然而，打從二十歲出頭第一眼瞄到華爾街交易大廳的那一刻起，羅南就愛上了華爾街，也深信自己一定可以在華爾街混出名堂。

羅南不隱瞞自己平庸的身世。出生與成長於都柏林的他，是在十六歲那年（一九九〇年）到美國。愛爾蘭政府派他父親到美國來，負責遊說美國企業到愛爾蘭享受低稅率的優惠。不過，當時沒有人相信美國企業會感興趣，畢竟那時候的愛爾蘭又窮又亂。手頭不是很寬裕的父親，花了所有家當，在康乃狄克州的格林威治（Greenwich）租個房子，就是為了讓小羅南去上那裡的學校，踏上「正確的人生起跑點」。二十二歲那年，父親被召回愛爾蘭，他留了下來。

在他眼中，愛爾蘭是那種只要離開了，就不會想回去的地方。現在的他，擁抱的是美國夢——康乃狄克州版的美國夢。有一年暑假，透過父親一位朋友的安排，他到化工銀行（Chemical Bank）實習，對方承諾，會讓他加入銀行的幹部儲備訓練計畫。可是後來計畫取消，年輕的羅南也只好暫別華爾街。一九九六年，他從費爾菲德大學（Fairfield University）畢業，寫信到每一家華爾街銀行求職，結果除了一家看起來搞不好是詐騙集團的券商回覆他，其他全石沉大海。「想在華爾街找到工作，真的沒你想像中容易，」他說：「我不認識半個人，也沒半點背景。」

最後他放棄了。正好有個當時在ＭＣＩ（MCI Communications，美國大電信公司之一）上班的愛爾蘭人，找上了他。「我覺得他之所以聘我，」羅南說：「純粹因為我也是愛爾蘭人，我猜他大概每年都會做幾件這種善事，我只是其中一件。」於是，他就這樣一頭栽進了電信業。

原來……大家都在不懂裝懂

他接到的第一個任務，是替MCI送八千台呼叫器到華爾街。「那裡的人對呼叫器可是很在意的。」公司告訴他。在炎熱夏天的豔陽下，他一路坐在貨車後方到華爾街送貨。抵達之後，他在貨車後面搭了個小桌子，等著華爾街的人來取貨。一個小時後，滿頭大汗的他，不但要面對著一排等著拿呼叫器的人，還要應付一群拿著表格來客訴的用戶。他一邊發送新呼叫器，一邊聽著「這呼叫器也太爛了」、「氣死我了」的叫囂聲此起彼落。

偏偏就在這時，一位華爾街主管的祕書氣急敗壞地打電話來。「她反覆地說，這東西太大了！會害他受傷！太大了！他會受傷！」羅南不解：呼叫器只是個寬一吋、長一吋半的小盒子，為什麼會害一個大男人受傷？「然後她才告訴我，這位主管是侏儒，只要彎下腰來就會被呼叫器卡到。」羅南說：「我心想，那他一定不是普通身高的侏儒，而是一個很矮、很矮的侏儒，但我沒說出口，我不想讓她覺得我是個渾蛋。於是我建議她，可以幫主管把呼叫器背在背上——就像背背包那樣。」

那一刻——以及後來類似的時刻——讓羅南感觸很多。把呼叫器塞到華爾街的小嘍囉手中，被華爾街上的大咖客訴，不是他要的人生。既然以前找不到進華爾街的門路，不如好好把握這次機會吧。

在ＭＣＩ工作，讓羅南看到了整個美國電信產業的概況。羅南從來沒學過什麼電信技術，對科技幾乎一竅不通。但現在，他開始學習。「當你設法搞懂這些鬼玩意兒是怎麼運作之後，」他說：「其實滿好玩的。」在傳輸資料時，銅線跟玻璃纖維有什麼不同？同樣是切換器，思科（Cisco）製的跟瞻博（Juniper）製的有什麼不一樣？哪家硬體公司生產的電腦設備速度最快？哪些城市裡的哪些大樓最牢固，足以承載電信設備的重量？（答案是：老工廠的廠房）

「從紐約打一通電話到佛羅里達，你一定會；但你一定不知道這通電話要打通，過程中要經過多少設備。你可能以為，大概就像兩個罐子中間連著一條線那麼簡單，但並不是。」連結紐約與佛羅里達的線路，在紐約這端是由 Verizon 電信公司負責，佛州那端是 BellSouth 公司，中間則是ＭＣＩ；會經過一個市中心又一個市中心，以你難以想像的方式穿過摩天大樓與街道。

這也讓羅南發現：電信業裡有很多人，其實也只是一知半解。很多電信業務員所知道的，都還比他這個負責收爛攤子的人要來得少。「他們薪水比我高很多，卻像白癡一樣。」於是後來他跳到業務部門，而且表現傑出。幾年後，他被 Qwest Communications 挖角；三年後，又跳槽到另一家叫做 Level 3 的大電信公司。現在，他過得很好，年收入有二十萬美元。

明明只是個「線路佬」，卻一直很搶手……

二〇〇五年，他看準了華爾街的大券商，將是他未來的大客戶。於是他花了一整個禮拜，泡在高盛、雷曼兄弟與德意志銀行裡，研究出鋪設光纖最理想的路徑，以及搭配光纖最理想的設備。多年前就想投身華爾街的夢想，他到今天仍未放棄，因此每到一家銀行，他都在留意有沒有空缺。「我心想，我現在認識了很多人，為什麼還是沒法在這些銀行裡找到工作呢？」

其實，這些銀行一直都在給他工作機會，只是都跟金融無關，而是與技術相關的工作。在銀行裡，金融部門與技術部門的階級落差，是非常明顯的。看在金融部門的人眼中，技術部門只是負責替他們解決問題的人而已。「他們老是說，我是那個『線路佬』。」羅南說。

隔年，寰域公司（BT Radianz）來挖角。寰域是一家在九一一恐怖攻擊、摧毀華爾街重大通訊設備之後應勢而起的公司，號稱要為華爾街大券商打造一套更能抵擋攻擊的通訊系統。羅南的任務，就是說服這些金融業者，把資訊網路的業務外包給寰域。其中寰域特別想要吃下的，是這些銀行的主機代管商機。

但就在加入寰域後沒多久，羅南又有了跳槽機會。這回來挖角的，是總部設於堪薩斯市的一家避險基金。跟他聯絡的人，自稱在大方信託公司（Bountiful Trust）上班，因為聽說羅南是資料傳輸專家，而大方信託遇到了一個麻煩：他們在堪薩斯與紐約之間交易股票，但每次買賣股票時，都得花很長時間才能成交；他們也越來越常遇到一個情況：下單之後，眼睜睜看著市場憑空蒸發——就像小布所經歷的狀況。「對方說，他的傳輸延遲時間是四十三毫秒，」羅南還記得：「我當時心想：毫秒是什麼鬼東西？」

所謂延遲時間（latency time），其實就是指一個訊號從發出到讀取所需要的時間。一個股票交易系統延遲時間的長短，通常會受幾個因素影響：盒子（boxes）、運算邏輯（logic）與線路（lines）。所謂「盒子」，指的是訊號從A傳送到B所經過的所有設備，包含伺服器、訊號放大器與切換器；而「運算邏輯」指的是操作盒子的軟體；而軟體，羅南是外行，只知道似乎有越來越多軟體，是出自不會講英文的俄國佬之手。至於「線路」，就是指連接盒子與盒子的玻璃光纖。其中，影響速度最大的因素，是光纖的長度，也就是訊號從A點傳送到B點的距離。

羅南就算不知道什麼是毫秒，還是知道問題出在哪：因為對方在堪薩斯市。理論上，在真空狀態下，光速是每秒十八萬六千英里，或是每毫秒一百八十六英里。但由於透過光纖傳送時會遇到阻礙，因此通常只能以三分之二左右的速度移動——即便如此，還是很快的。因此訊號傳輸速度的最大敵人，是距離。

上網買股票，在哪買都一樣？錯！

當初，大方信託之所以會設在堪薩斯市，就是因為老闆認為現在上網就能買賣股票，公司設在哪已經不重要了。但是他錯了，地點還是很重要，只是今天重要的地點已不是華爾街，而是紐澤西。羅南把大方信託的電腦搬到寰域在納特力市（Nutley）的資料中心，也成功的將傳輸速度從四十三毫秒，改善為三．八毫秒。

從那次起，羅南在華爾街的生意就做不完了。除了那些大券商和有名的避險基金，很多名不見經傳的小投資公司現在也找上了他。大家都想要以比別人快的速度交易，而要比別人快，就得讓訊號的傳輸距離越短越好，就得更新硬體，就得設法將自己的電腦放到各大交易所的電腦附近。而這些，正好都是羅南的強項。

但問題來了：把所有客戶的電腦主機都搬到納特力市的資料中心裡，也不是那麼容易的生意。「有一天，一位交易員打電話來問：我在房間裡的什麼地方？我心想，什麼房間？」羅南說：「原來，他指的是資料中心的機房。」對方說，如果可以把他的電腦主機放到線路尾端，也就是最靠近資料中心機房的光纖出口處，讓他可以比同一個機房裡的其他主機快一點點，他願意多付點錢。

遲早，這些交易所會發現：居然有人願意花數十萬美元，就只為了把主機搬到交易所旁，假如能讓業者乾脆把主機放到交易所裡，業者們花上百萬美元一定也甘願。於是羅南有個點子：把「靠近華爾街」當作一項服務，賣給業者，他想取名為「靠近服務」。「我們本來想申請『靠近』的專利，但不行，因為那是一個常用的詞。」他說。不過，這門他原本想取名為「靠近服務」的生意，後來有了個名字，叫「主機代管」，而羅南自然也成了這門生意的專家。

緊接著，當大家的距離都縮短到不能再短，業者們開始把腦筋放到光纖兩端的設備上，例如切換器。不同切換器之間的速度差異，是以微秒（百萬分之一秒）計的，當時，業者執行一筆交易，切換器的速度從一五〇微秒，大幅改善為一．二微秒。儘管如此，交易員還是不滿意。「有個傢伙跟我說，不管是差一秒還是一微秒，都是慢人家一步。」羅南說。

「然後，他們開始問我：用的是什麼玻璃纖維？」其實光纖是有差別的，有些光纖傳輸訊號的效率，的確比較好。羅南心想，人類歷史上應該從來沒有像今天這樣，會有人願意花這麼多錢，找這麼多麻煩，就為了多爭取那麼一丁點速度。

拜託，別把「玩具反斗城」的 logo 拿掉……

高頻交易的業者到底有多賺錢，羅南並不清楚；但從他們花錢的手筆，多少猜得出來。從二〇〇五年底到二〇〇八年底，光是靠著把主機搬到交易所附近，寰域就從這上頭賺進了八億美元。而賺到這種商機的，不只有寰域。

而且，從高頻交易業者絞盡腦汁地要保持低調隱密，羅南也能推測他們有多麼賺錢。例如有個高頻交易的客戶就要求他，必須把他們的主機覆蓋起來，這樣別人才看不到他們家的設備有多先進。還有一家客戶，堅持要把放自家電腦的鐵箱子，擺到最靠近交易所電腦的位置，鐵箱上還印著「玩具反斗城」的 logo（可能是因為電腦所屬的公司，以前幫玩具反斗城代管主機吧），而這家高頻交易業者特別要求羅南，別把玩具反斗城的 logo 拿掉，這樣人家才不會發現這是他們的主機，不會知道他們的主機有多高檔。

「他們都超敏感的，」羅南說：「但我能理解。如果你是個扒手，擁有一套能以最快速度把別人錢包扒走的工具，你也會設法藏起來。否則，往往只要有人換了一個新的切換器，比別人的快了三微秒，不出兩個禮拜，每個人都換成了這種更快的切換器。」

整間公司五個人全是怪咖，帶頭的是最怪的那個……

到了二〇〇七年底，光是靠著提供能加快股市交易速度的設備，羅南每年就賺進大把大把的鈔票。但交易員們對於自己所使用的科技，其實總是一知半解，這點也一再讓羅南感到意外。「他們會說：看！真的好快啊！然後我會告訴他，拜託，你對我們的產品滿意，這我很高興，但你看個屁啦！他們會一副『我真的看到了啊』的樣子，但我心想：這電腦快了三毫秒——整整比你眨一次眼快了五十倍！」哪些業者比較有概念，他也心裡有數。例如城堡投資（Citadel）與景高投資（Getco），就是其中佼佼者，有些小型投資公司也不錯；反倒是大券商——至少到當時為止——都不怎麼樣。

但除此以外，他對這些客戶還是一無所知。像高盛、瑞士信貸這些大券商，他當然知道；其他如城堡與景高，也小有名氣。但絕大部分往來的客戶——Hudson River Trading、Eagle Seven、Simplex Investments、Evolution Financial Technologies、Cooperfund、DRW——他過去聽也沒聽過，而且很顯然這些公司也從不打算出名。

羅南聽說，這些客戶當中，有些是幫別的投資者操盤的避險基金，有些則是玩自己錢的投資公司。其中最奇特的是那些小型投資公司，「他們通常一整間公司只有五個人，全是怪咖，帶頭的往往是最怪的那個——而且還是最他媽的難搞的那個。」羅南說：「他們今天還好端端在操盤，明天搞不好就收攤了，然後一整組人會搬到某家華爾街大券商去上班。」

其中有一幫人——四個俄羅斯人，加上一個中國人，羅南不論到哪都會遇到。一個名叫佛拉迪（Vladimir）的超難搞老俄，顯然是他們的頭兒，帶著整批人寫程式，有時自己開公司，有時被券商網羅。他親眼目睹一家大券商的一位大咖，為了挖角這批人而召開的一次會議。「這位大咖走進會議室之後這樣說：通常在會議室裡我是老大，但今天，佛拉迪才是老大。」

二〇〇八年初，羅南出國的時間更多了，主要是幫這些高頻交易業者進軍海外股市。然後，他看到類似的劇碼輪番在不同的國家上演：原本只有單一交易所的國家，例如加拿大、澳洲、英國，現在都以「自由競爭」之名，開放新交易所的成立。而奇特的是：這些新交易所的落腳處，幾乎都是離舊交易所遠得離譜的地方。例如多倫多，新交易所就設在一座老百貨公司的大樓裡，與原本的多倫多證交所各據一方；在澳洲，更是離奇地不設在雪梨金融區，而是大老遠跑到雪梨港的住宅區內。至於英國，知名的老倫敦證交所位於市中心，但BATS在英國開設的交易所卻跑到倫敦碼頭區（Docklands）；紐約證交所在英國的分公司，則根本不設在倫敦，而是跑到更遠的巴西頓（Basildon）去落腳；Chi-X在英國的交易所則是開在斯勞鎮（Slough）。每一個新誕生的交易所，都會帶來一門新商機：連結交易所與交易所之間的高速傳輸。

「感覺上，他們是刻意要拆散市場，才故意選擇那種距離較遠的地點。」羅南說。

高頻交易策略主任？薪水再低我也願意！

雖然還不能算真正進入華爾街，但按理講，羅南對自己的工作與生活應該非常滿意才是。光是這門生意起飛的第一年——二〇〇七年，他就賺了四十八萬美元，幾乎是他過去年薪的兩倍。

但羅南還是不開心。很明顯，在這一行他已經是佼佼者，可是：為什麼要做這一行？這真是他想要的工作嗎？二〇〇七年底，他坐在英國利物浦的一家夜店裡，聽著收音機裡播放著〈Let it Be〉。這趟去英國，是老婆為他安排的——算是送給他的一份禮物：買張機票，讓他到英國看心愛的足球隊比賽。「當時，我算是實現了一直以來的人生夢想，但心情卻掉到谷底。」羅南說：「我已經三十四歲，未來也不會比現在更好了，這輩子就是他媽的這樣了。」他覺得，自己好平庸。

一直到二〇〇九年秋天，加拿大皇家銀行找上他，說希望邀請他加入。當時的他滿心疑惑，皇家銀行是什麼東西？到官網去看，完全看不出個所以然。他心想，會不會又是哪家華爾街的交易員，想找他去做什麼吃力不討好的工作？「我告訴他們：恕我直言，假如你們是要我去技術部門，我可是半點興趣也沒有。」但皇家銀行打電話給他的人（也就是小布）不斷向他保證，不是技術部，是投資部，而且是在交易大廳。

小布約了隔天上午七點見面。羅南心裡嘀咕，約這麼一大早，搞不好就是華爾街整人的方式之一。見了面，小布問他很多問題，然後邀他與銀行的主管見面。對羅南來說，這也許是「華爾街史上速度最快的一次甄試」，因為皇家銀行當場就要他來上班，職銜是「高頻交易策略主任」，年薪十二萬五千美元——大約只有他當時收入的三分之一。

老實說，能一圓踏上華爾街的夢，羅南一點也不在意薪水大減。「坦白講，薪水再低些我都肯。」他說，困擾他的是職銜：「我根本不懂半點高頻交易策略啊！」但他實在太興奮了，問也不問就答應下來。後來老婆問起，「她說，你的新工作是幹嘛的？我才發現，我根本不知道。我可以發誓，當時真的一點概念也沒有，整個面談過程中完全沒有提到工作內容，他根本沒告訴我要我去幹嘛。」

原來，小布是在二〇〇九年秋天，從一本財經雜誌上讀到一篇文章。一年來，他一直想找一位真懂高頻交易的人，好好跟他說明一下到底高頻這一行是怎麼賺錢的。而那篇文章說，高頻交易業者的電腦專家們，對於自己的待遇越來越不滿意，因為他們聽說有些交易員同事每年能賺進數以百萬美元計的收入。於是，他決定去找這些心生不滿的電腦專家。他所打的第一通電話，是給一個在德意志銀行與高頻交易業者有往來的人，這個人給了小布兩個名字，其中第一位，就是羅南。

什麼是 bid，什麼是 offer？

面談時，羅南把他在交易所裡看到的有趣現象告訴小布——從業者們對奈秒的追逐，到玩具反斗城的 logo，也讓小布聽到過去所不知道的金融市場另一面。「照他的說法看來，我們必須開始重視的是微秒與奈秒。」小布說。美國股市現在已經分裂成一個階級社會——擁有高速能力的投資者上流階級，以及沒有高速能力的投資者下層階級。上流階級花大錢取得奈秒優勢，下層階級壓根不懂奈秒能幹嘛；上流階級掌握整個市場，下層階級連股市長什麼樣子都無法看清。這個曾經是全球最公開、最民主的金融市場，今天已經被少數人所把持。「跟羅南聊一個小時的收穫，比我自己研究半年還要多。」小布說：「當場就想網羅他加入！」

但為什麼需要羅南的加入，小布很難向長官以及羅南本人解釋清楚；之所以想出「高頻交易策略主任」的頭銜，「我只是覺得需要給他一個聽起來是主管的位階，」小布說：「這樣才能讓別人更重視他。」這一點，其實是小布比較擔心的：因為看在交易大廳的交易員——即便是皇家銀行這麼溫和的銀行——眼裡，羅南不過是個不知道打哪冒出來的傢伙，而且羅南也毫不掩飾自己對金融市場的一無所知。「他連最最基礎的常識都沒有，」小布說：「他不知道什麼是bid，也不知道什麼是offer。」

於是，小布開始教羅南一些基本的交易詞彙。例如bid，就是指要買進股票，offer就是要賣出。「那傢伙沒有嘲笑我，」羅南說：「相反的，他很耐心地向我解釋。」那是他們兩人之間的協議：小布教羅南如何交易，而羅南教小布搞懂科技。

有一堂課，羅南就對小布貢獻良多。當時小布與團隊成員正在苦惱的，是「索爾」遇到的問題。先前做實驗時，索爾的確讓小布的下單精準地同時抵達不同交易所，但實際上操作時，要同時送達十三個交易所卻不容易。因為，第一次實驗之所以會成功，是因為他們正確估計了送達不同交易所所需要的時間差；然後透過軟體，將傳送速度調整到能讓訊息同時送達不同的交易所。但問題是：傳送訊息所需的時間，並不是每一次都相同，要看傳送哪條線路，或是當時流量多寡而定，而且也不受人為控制，有時候要四毫秒，有時則得花七毫秒。換句話說：索爾不穩定。

而羅南認為：索爾的不穩定，是因為從小布的電腦傳送到各大交易所的線路不穩定。「我很快就懂了，」羅南說：「他們根本沒搞清楚狀況——他們自己也知道自己沒搞懂，因此我這樣講沒有任何不敬的意思。」

從小布的電腦所送出的訊號，之所以會在不同時間抵達不同交易所，是因為有些交易所的距離較近、有些較遠。一個高頻交易訊號從抵達第一個交易所之後，再傳到另一個交易所，所需時間是四六五微秒，也就是你眨一眼所需時間的兩百分之一。換句話說，小布的下單要在這四六五微秒內，同時抵達所有交易所才行。而要辦到這一點，羅南告訴他那些皇家銀行的新同事們，就是設立一條自己的光纖網路。

為了讓同事們能弄懂，羅南拿了一張特大號的紐澤西地圖，上面標示著電信公司所鋪設的所有光纖網路，然後你可以看到一個訊號是如何從小布的電腦，傳送到各大交易所。一個皇家銀行的人看了第一張地圖就忍不住大叫：「你是怎樣拿到這地圖的？這不是電信公司的資產嗎？可以就這樣說拿就拿嗎？」

「他們也是這樣告訴我的，但我跟他們說：少給我來這套！」羅南解釋：「這是因為我幫他們賺了太多錢了，就算我要看他們老婆放內褲的抽屜，他們也會答應。」

地圖會說話，你還以為自己離紐約證交所很近？

這些地圖，講了一個故事：每一個傳送自曼哈頓市中心的訊號，都會穿過西側高速公路（West Side Highway），直達林肯隧道（Lincoln Tunnel）。出了隧道，就是位於紐澤西州威哈根市的BATS交易所；但過了BATS之後，線路就複雜多了。往東，會到賽考克斯市（Secaucus），也就是Direct Edge交易所（由高盛與城堡投資所設立）的所在地；往南，是到卡特瑞市——那斯達克交易所就是設在這裡。

接下來，紐約證交所讓大家看到一副更複雜的景象。二〇一〇年初，紐約證交所在曼哈頓市區的華特街（Water Street）五十五號，還放著電腦伺服器——當年八月才遷到紐澤西的瑪化市（Mahwah），距離小布的電腦還不到一英里，照理講應該是最靠近小布的交易所。

但羅南的地圖讓大家看到，曼哈頓的光纖網路遠比大家想像的複雜得多。「要從小布上班的自由廣場傳送到華特街五十五號，你得先繞到隔壁的布魯克林區。」他說：「從曼哈頓城中區到市中心，得繞上五十英里；從一棟大樓傳到對面的另一棟大樓，可能得繞上十五英里。」你從皐家銀行在自由廣場的辦公室步行到紐約證交所，也不過需要十分鐘；但對你的電腦而言，紐約證交所卻比在卡特瑞市的那斯達克還要遙遠。

看在小布眼中，這地圖解釋了很多事情。其中之一，是為什麼BATS的成交效率最好。原來，他在BATS下的單能百分之百成交，就是因為所有單子都最先送到BATS。我恍然大悟：「靠！原來最靠近我們的是BATS，而且就在隧道口上！」

而那些高頻交易業者，就躲在BATS裡，等著攔截下單訊息。通常，他們會先以非常少量的股數（最常見的是一百股）下單，買進與賣出所有掛牌的股票。只要有人要賣出X公司的股票，他們就會先得知訊息，然後搶先趕到別的交易所去找買家。他們要「插隊」的對象，其實不是一般散戶（因為一般散戶根本不知道發生了什麼事），而是其他高頻交易的競爭對手。換言之，高頻交易業者所下單的一百股，當然不是真的想買賣股票，而只是誘餌——藉此得知有哪些買單或賣單出現。而巧的是，BATS正是由高頻交易業者所成立的一家交易所。

在這之前，很多事情羅南有看沒有懂，但跟小布聊過之後，現在他也明白了。

舉例來說，羅南曾經發現，很多高頻交易業者會製作一個精密的時程表，以微秒為單位，記載從不同券商送的單子傳到每個交易所所需要的時間（依據券商的所在位置，以及使用哪條光纖推算），他們稱之為「延遲時間表」。製作這個表格，要費很多工夫，而且顯然對高頻交易業者來說非常重要，只是當時羅南並不知道原因。

這也是小布第一次聽說有「延遲時間表」這種東西。但他一聽就明白，為什麼高頻交易業者要製作這個表。因為，這個表格可以讓高頻交易業者依據傳輸的時間長短，回頭推算出一筆單子是來自哪家券商；一旦能確認單子出自哪家券商，就能進一步分析出這家券商的交易模式。比方說，假如你知道某家券商下單要買進一千股IBM，你或許就能猜到對方是只想買這一千股，抑或這一千股只是一筆更大買單中的一小部分。你甚至可以猜出這家券商會如何分散買單，以及願意以多高的價格買進。

什麼法人？只是傻乎乎的肥羊大戶啦！

想賺到錢，高頻交易業者不必非常精準地猜對答案，他們只需讓整體而言猜測正確的機率高於猜錯機率就可以了。不過正如小布所說：「如果能找到一家規模大，又搞不清楚狀況的券商，那就真是挖到寶了。」

券商為什麼會搞不清楚狀況？這點小布最清楚，因為他自己也曾經這樣。今天，券商們要替客戶到哪個交易所下單，基本上受到交易所的收費與回饋制度所左右：假如一家券商要買進一萬股ＩＢＭ股票，到ＢＡＴＳ下單能收取回饋金，而到紐約證交所下單卻得付費，當然會把單子下到ＢＡＴＳ去。

其實除了運算法，對自動化股市交易來說，路由器也是很關鍵的一項科技。只不過，這兩種科技雖然都是仿效人類的思考模式運作，卻是扮演兩種截然不同的角色。其中，運算法會先被派上用場，決定一筆下單要如何分配到不同的交易所。舉例來說，假設你看到市場上有人要以二十五美元賣出兩千股ＸＹＺ公司股票，而你要以每股不超過二十五美元的價格買進十萬股，這時，假如你一口氣下單要買進十萬股，就會驚動市場，並且拉高股價。那麼，你應該如何分批買、以多少價格買，就可以交給運算法了。然後，運算法會命令路由器，把十萬股拆散成二十筆買單，只要股價在二十五美元以下，每五分鐘下單買進五千股。

這時，路由器就會決定要把單子下到哪——比方說是要先傳送到暗池，還是直接傳到公開交易所；或者，決定要先傳到能讓券商賺取回饋金的交易所，然後再依序傳給對券商有利的其他交易所。這種運作方式有多愚蠢，讓我舉個例子來說明：

假設你告訴你的券商營業員（就是賺你交易手續費的人）想買進十萬股ＸＹＺ公司股票，每股二十五美元。正好，現在市場上有人要以二十五美元賣出十萬股，只是分散在十家交易所、每筆一萬股，而且都會向券商收取交易費用（當然，比你付給券商的少得多）。但問題來了：就在這時，ＢＡＴＳ交易所正好有另外一百股、同樣掛二十五美元賣出；一旦成交，ＢＡＴＳ還會支付回饋金給你的營業員。

在這種情況下，路由器就會先到ＢＡＴＳ，把這一百股買下，並且直接導致原本那十萬股暫時無法成交。這一來，高頻交易業者就有機可乘了：要嘛把ＸＹＺ公司的股票以更高的價格賣給你，要嘛多持有幾秒鐘，等你自己把價格拉高——總之，結果都會對買方不利。

這是市場上天天都在上演的戲碼。投資人（你，或是替你下單的人）對於運算法與路由器的運作真相，完全一無所知。就算你要券商提供交易細節（例如在哪個交易所成交），而券商也提供給你，你還是不可能查證真假。

你當冤大頭了，你知道嗎？

小布講述的這些問題，羅南也是一聽就懂了。「天啊，我以前有聽沒有懂的一些事情，我現在終於明白了！」他說。

在羅南的協助下，皇家銀行決定架設自己的光纖網路，同時準備向客戶推銷「索爾」。他們的廣告詞也很直截了當：

金融市場上有一種新禿鷹，正在損害你的利益。我們這項產品，可以幫助你保護自己。

現在，皇家銀行再也不考慮投入高頻交易的生意了。小布的新任務，就是設法把他的發現告訴所有的投資大眾。也由於皇家銀行已經理解問題所在，不必再靠羅南去幫他說服長官，小布有了新點子。「小布打電話給我，說要把我的頭銜改成『電子交易策略長』，問我意下如何？」羅南說：「我根本不知道這職銜到底是什麼意思，但我還是打電話給老婆，說我升官了。」

很快的，他終於明白，為什麼小布要給他一個新頭銜。「我的任務就是讓更多客戶知道：你當冤大頭了，你知道嗎？」

幾天後，羅南跟著小布出席了他生涯第一場的華爾街客戶拜會。開會時，坐在會議桌另一端盡頭的，是一家規模高達九十億美元的避險基金老闆。這位老闆回憶那天情景：「我有個三億美元的麻煩，這我是知道的。」他的意思是，那些該成交而沒成交的交易，一年為他帶來高達三億美元的損失。「但我不清楚的是：問題到底出在哪？我一邊聽羅南講話，一邊嘀咕，皇家銀行到底想幹嘛？這幾個人到底在幹嘛？他們既不是交易員，也不是業務員，更不是什麼計量高手，他們是何方神聖？然後他們說，能幫我解答這個大哉問，我心想，憑這樣就要我相信你們？但是最後，他們還是說服了我。」

小布與羅南離開後，這位做夢也沒想過自己會成了別人口中肥肉的老闆，從此對市場有了新的理解。

他坐在辦公桌前，望著自己的交易帳戶，以及一個月花一千八百美元訂閱的彭博終端機。然後，他打算在自己的交易帳戶下單，買進一檔中國營造業的ＥＴＦ（指數股票型基金）。過去幾個小時，他一直在彭博終端機上觀察這檔ＥＴＦ的價格變化。那個時間是中國的深夜，因此股價沒什麼動靜。就在這時，他在自己的交易帳戶按下「買進」鍵，突然，彭博終端機上的價格跳了一下。

絕大部分人就算有網路交易帳戶，也沒有彭博終端機讓他們即時觀察股價的變化；絕大多數散戶也從來不知道，當自己按下「買進」鍵之後，市場會發生什麼事。「我連執行鍵都還沒按，」這位老闆說：「我什麼都沒做，只是輸入ＥＴＦ代號，以及想要買進的數量，市場就動起來了。」緊接著，在他以高於當時市價的價格買進那檔ＥＴＦ之後，收到了一封確認通知，上頭寫著該筆交易是透過「城堡衍生性商品公司」（Citadel Derivatives）執行成功的。「城堡」正是規模最大的高頻交易業者之一，「我搞不懂，為什麼券商要把我的買單，傳到城堡公司去交易？」

沒有Powerpoint，只用最淺白的語言

小布帶過很多華爾街的年輕人，但他說：「我從來沒見過有任何人，爆發的力道比羅南強大。他就這樣爆紅了！」至於羅南自己，則至今仍無法相信，華爾街上這些傢伙竟如此天真。「整個產業，充滿著烏煙瘴氣！」他說。

拜訪了很多大投資機構之後，他的第一個感想是：這些人充滿著不安全感。「這一行的人都不願意承認，自己有些事情並不在行。」他說：「他們幾乎不會開口說：抱歉，這件事我不懂，請你教我。例如我會問他們，你知道什麼是『主機代管』嗎？他們會說，當然知道啊。然後我再告訴他們，那你們知不知道，高頻交易業者的伺服器，現在就擺在交易所的同一棟大樓裡，比別人搶先取得市場資訊？這時他們才會說：不會吧？這是違法的吧？我們跟好幾百人談過，沒半個人知道這件事。」

然而讓羅南感到不可思議的是，這些投資機構有多麼倚賴華爾街的大券商。「在高頻交易業界，從來沒有忠誠這回事。」他說，但是這些投資機構的作風完全不一樣。就算發現了大券商們並沒有善盡防堵高頻交易業者的責任時，這些投資機構的人憤怒歸憤怒，卻仍只願

意撥出一小部分的資金交給皇家銀行操作。「這是我最搞不懂華爾街的一點，」羅南說：「難道你們不願意付我們更多錢，是因為想讓那些揩你們油的人賺更多？」

接下來那一年，小布與羅南分頭拜訪客戶。到了二〇一〇年底，兩人分別與大約五百位掌管好幾兆美元資產的專業股市投資者見面。但兩人既沒製作什麼 Powerpoint 簡報，也沒有提供對方任何比較正式的文件，只是與對方坐下來，用最淺白的語言告訴對方真相。

小布很快就發現，原來連那些最具規模的投資者，都不知道市場上正在進行的勾當。共同基金業者——例如富達與先鋒（Vanguard）——不知道，像普信集團與駿利集團（Janus Capital）這樣的資產管理業者不知道，就連很厲害的避險基金都不知道。例如一生充滿傳奇色彩的投資家大衛・安霍恩（David Einhorn），聽了之後非常震驚；另一位避險基金大師登恩・羅普（Dan Loeb）也是。至於潘興廣場基金（Pershing Square）的比爾・艾克曼（Bill Ackman）則在兩年前，就已經在懷疑這件事。有一位小布從美林證券找來皇家銀行，負責銷售索爾的業務員還記得，有一位大投資者打電話給他說：「我以為自己是專家，但顯然我錯了，因為我完全沒聽過你們所說的這一切。」

把拔，你的車不是我砸爛的

後來大家都看到了，震驚世界的「快閃崩盤事件」（flash crash，也稱為瞬間崩盤）。二〇一〇年五月六日，下午兩點四十五分，美國股市突然在數分鐘之內狂瀉六百點；幾分鐘後，又突然像個驚醒的醉漢似的，猛然回漲好幾百點。如果你當時不是盯著市場看，很可能就錯過了整場好戲；如果你有下單，正在買賣股票，就會發現像P＆G（寶僑公司）股價，一下子跌到數美分，一會兒又漲到十萬美元。五個月後，美國證管會發表了一份研究報告，指控一家來自堪薩斯市的共同基金業者，在一家位於芝加哥的交易所誤下了一筆巨量賣單，才導致這起事件。

但其實證管會不可能知道真相，因為他們根本無法取得了解真相所需要的資訊。今天，交易的時間單位是微秒，但證管會手中的交易紀錄是以秒為單位。這就像我們今天回顧一九二〇年代，只能看到一些非常粗略的交易資料，例如我們知道在那幾年間曾經出現股票大崩盤，但完全不知道在一九二九年十月二十九號那天，究竟發生了什麼事。

在讀證管會那份報告時，小布第一眼發現到的問題，就是報告上的時間單位。「我用

『分鐘』這兩個字去搜尋整份報告，結果出現了八十七次。」小布說：「然後我用『秒』去搜尋，有六十三次；然後我用『毫秒』去搜尋，只出現了四次，而且都是出現在不重要的地方。最後，我用『微秒』搜尋，結果：沒出現半次。」

這本報告他讀了一次，就再也不看了。

到底是什麼原因導致「快閃崩盤」的發生？至今沒有人能說準——就像沒有人能證明，高頻交易業者在別的投資者身上揩油一樣。因為，最正確的交易資訊根本不存在。

紐約證交所的執行長鄧肯・尼德洛（Duncan Niederauer）後來展開了一連串拜訪，目的似乎是要像投資界澄清，這起「快閃崩盤」事件的發生與紐約證交所無關。「我就是這時候開始起疑的，」海狼資本（Seawolf Capital，一家避險基金）的丹尼・摩斯（Danny Moses）說：「尼德洛要我們相信，快閃崩盤不關紐約證交所的事。但我想的是：我沒說是你啊！我為什麼要覺得這件事跟你有關呢？感覺就像你兒子走進客廳告訴你，把拔，你的車不是我砸爛的——什麼？我的車被砸爛了？」

「快閃崩盤」事件發生後，小布再也不必主動聯繫投資者了，因為他的電話每天響個不停。「『快閃崩盤』的好處是，」小布說：「讓投資者終於願意聽我們說的問題了，我們的說明，我們所揭露的真相，讓他們明白問題出在哪。」

為什麼捨棄華爾街，千里迢迢跑芝加哥？

二〇一〇年九月——也就是「快閃崩盤」事件爆發幾個月後，股市再度發生一起更詭異的事件。芝加哥近郊一家沒沒無聞、交投冷清的交易所CBSX，突然宣布要推出新的收費與回饋方案——向造價者（makers）收取費用，支付回饋金給受價者（takers）。看在小布眼中，這真是太奇怪了：假如得因此多付出費用，哪還會有人想當造價者？但沒想到，從此以後CBSX就像突然醒過來似的，交投熱絡了起來。接下來的幾個禮拜，光是「天狼星公司」（Sirius，一家衛星通訊業者）的股票，就有三分之一是在CBSX成交。

小布當然知道，「天狼星」這檔股票早已被高頻交易業者盯上，但他不明白的是：為什麼突然都跑到芝加哥來交易？

就在這時，羅南才告訴小布，有一家名叫「廣布網絡」的公司。這家公司曾經想挖腳羅南，向高頻交易業者推銷光纖網路。他們帶羅南去參觀工地——一個為了鋪設光纖而開挖的隧道工程，並把商業計畫告訴他。「他們說，想要找兩百個客戶，但我能想到的名單上大約有二十八家。他們的構想是，要客戶預繳五年、共一千零六十萬美元的費用；每拉進一個客戶，會付我一萬兩千美元。這簡直太欺負人了，真是去你媽的！」羅南把當時的不愉快經驗告訴了小布。

「這麼重要的事，你居然到現在才告訴我？」小布說。羅南解釋，先前之所以不能講，是因為他簽了保密協定。正好那天，協定到期了，他也可以一五一十地把他所知道的告訴小布，包括「廣布網絡」做了哪些事情、哪些人因此受惠——除了像騎士（Knight）、城堡等高頻交易業者之外，還有那些華爾街上的大券商如摩根史坦利、高盛等等。「聽到原來還有券商涉入，」小布說：「我心想，shit，原來不是只有高頻交易業者這樣搞，看來整個金融業都有參一腳！」

針對CBSX所出現的怪現象，羅南的解釋是這樣的：先是「廣布網絡」的光纖完工正式營業，然後CBSX推出新的回饋金方案。透過這筆回饋金，吸引券商把客戶要交易的股票優先傳送到CBSX來；接著，高頻交易業者取得這些交易訊息後，再透過「廣布網絡」的光纖，搶先一步到紐澤西州的交易所。

為什麼要大老遠的跑到芝加哥呢？因為紐澤西附近的交易所彼此距離太近，較難取得速度上的優勢；現在把交易資訊引導到芝加哥，然後業者再透過「廣布網絡」的光纖傳回紐澤西，就能拉開速度優勢了。

誠實，是你的最大優勢

對小布而言，發現了「廣布網絡」這家公司，就像找到另一片失落的拼圖。目前為止，他的團隊還無法完成這幅拼圖，他們還需要找到更多失落的片段才行。例如投資機構的反應，就是他們仍在收集中的拼圖片段。

三不五時──大約五％的機率吧──他們會遇到那種完全不在乎，也不管小布怎麼說的投資機構。看在小布眼中，這種人一定從高頻交易業者那裡賺到不少好處。相反的，他們三不五時──也是約五％的機率──則會遇到非常驚恐的客戶。「他們幾乎一無所知，也不知道該如何因應，最後決定裝作什麼都不知道。」小布說。

但絕大部分大型機構投資者的反應，其實跟普信集團的麥克．紀特林很像：他們本來就已經覺得市場怪怪的，但說不出個所以然；現在終於知道了真相，怒不可歇。「小布是個誠實的交易員，」紀特林說：「讓我們知道，整個市場已經遭到操弄。」海狼資本公司的投資長文森・丹尼爾（Vincent Daniel）看著這對組合——一個來自某家小銀行的亞裔加拿大人，以及一個其貌不揚的愛爾蘭佬，聽著他們所講述的驚人真相，說：「你們最大的優勢，就是你們不想靠著揩我的油賺錢。」

雖然這裡是華爾街，信任畢竟還是存在的。多家大投資機構開始要求券商提供資料，供小布研究。舉例來說，他們要求券商們必須提供一個數據：在替他們操作股票時，有多少比例是在券商自己的暗池裡交易的？

直到今天，外界對暗池的運作仍然一無所知。很多券商都會鼓勵大戶們在暗池裡完成交易。理論上，券商們都要為客戶尋找最有利的價格，假如一個客戶想買雪佛龍公司（Chevron）的股票，而最好的價錢來自紐約證交所，那麼券商就不能硬是要在暗池裡以較差的條件交易。但實際上，由於暗池是極不透明的市場，也從不對外揭露裡頭的遊戲規則。如果券商想在暗池裡占客戶便宜，是絕對辦得到的。

根據投資大戶所提供的資料，小布發現：絕大部分下到暗池裡的單子，最後都在暗池裡完成交易。這實在很難解釋得通：按理說，券商應該在市場上以最有利客戶的價格買賣股票。而以高盛為例，暗池的交易量大約只占整個市場的不到二%，但為什麼高盛客戶所下的單當中，有五成以上全都在高盛自己的暗池裡完成交易——而不是在暗池以外的市場？大部分券商自己的暗池，交易量都不到整體市場的一%，但居然有一五%到六〇%的客戶，都能在他們自己的暗池裡以「最有利客戶的價格」成交？

依法券商不必對外揭露暗池裡的交易實況，因此營業員通常也不會告訴客戶最後是在哪裡完成交易，投資人其實是一直被蒙在鼓裡的。就算是像普信集團這樣的大戶，也只能相信高盛、美林這些券商不會背叛他，除此之外，一點辦法也沒有。而如果連普信集團這種替很多小額投資者操盤的大戶，都無法從券商所提供的資料中確保券商不會暗中算計，一般小散戶有可能嗎？

一個人的努力，真的可能改變世界

看起來，小布的團隊想要幫助投資者看見真相的努力，是很革命性的創舉。長期以來，皇家銀行不過只是華爾街上的小咖，但現在不一樣了。小布在二〇一〇年底讀到一份「格林威治機構」（Greenwich Associates，一家獨立評比公司）的排名調查，在二〇〇九年，皇家銀行在華爾街排名第十九，近乎墊底；到了二〇一〇年（推出索爾半年後）跳升為第一名。「格林威治機構」跑來問皇家銀行：到底做了什麼事？因為他們進行排名調查這麼多年，從來沒有一家銀行能一下跳升三個名次以上。

小布所推動的，現在看起來越來越像一場有意義的改革，而不是純粹的商機了。但小布從來不是什麼激進的改革分子，「主動發起一場改革運動，」他說：「跟被拱到運動浪潮裡是兩回事。」他從來沒當過什麼學生領袖，也從來不想與政治有瓜葛，因為他覺得政治太虛假了。

但這次一點也不假，一個人的努力，真的可能改變世界。他正在努力做的，是在教育全世界掌管最多資金的經理人，讓大家看懂股市運作的真相；而他很清楚，除了他，不會有其他人願意把這個真相公諸於世。

這個市場已經形成一個共犯結構：當裡頭的人都因此而得利，就不會有人想跳出來改變現況——無論現況有多腐敗與邪惡。但由於在金融界，「腐敗」、「邪惡」這樣的字眼會讓人不舒服，所以小布盡量避免使用。其實在與投資業者見面時，小布反而很怕對方把他當成那種滿口陰謀論的神經病。他最開心的，是聽到客戶對他的肯定：「太棒了！終於有個正常人能告訴我，高頻交易是怎麼回事了！」

「有一件事很重要，而我覺得自己是這件事情的專家。」有天晚上，小布對老婆說：「除了我之外，全世界能完成這件事情的人沒幾個。我，小布，現在得站出來才行！」

第4章

穩賺不賠的股市黃牛

追根究柢，抓出新禿鷹

二〇一〇年底，皇家銀行正式推出了一項新產品，號稱能幫助投資者免於遭受「股市新禿鷹」的攻擊。

然而直到當時，他們對「新禿鷹」的了解，其實還是少得可憐。除了羅南之外，小布沒認識半個高頻交易圈的人。

從羅南口中，小布知道高頻交易業者跟大交易所之間關係匪淺，但對新禿鷹的「能耐」——特別是他們的政治影響力——幾乎毫無所知，也不知道那些華爾街大券商到底心裡怎麼想。不過話說回來，就算是來自華爾街銀行內部的人，恐怕也未必知道這些券商在想什麼。

大家都知道，假如你在某家華爾街券商工作，想知道別的券商在幹嘛，最好用的一招就是去找那些想跳槽的員工，然後找他們來面試。拜金融風暴所賜，現在有更多人主動找上小布——在過去，這些人根本不會正眼看皇家銀行一眼。在面試了一百多個人之後，他雇用了其中三十五人。「他們都希望被我錄取，但到底他們公司的電子交易部門是如何運作的，」小布說：「他們應該都不是刻意隱瞞，而是真的不清楚。」

這些他面談過的人，無論最後有沒有被小布錄用，都有一個共同點：對金融體系既害怕也不信任。約翰．施華爾（John Schwall，以下稱小施）就是個有趣的例子。

小施的父親與爺爺，都是史丹頓島（Staten Island）的消防員。「我爸家族裡的每一個男人都是消防員，」他說：「我想做點不一樣的事。」他所說的「不一樣」，就是到紐澤西賀伯根市（Hoboken）的史蒂芬科技學院（Stevens Institute of Technology）拿了個電機碩士。九〇年代末，他到美銀證券（Banc of America Securities）工作*，後來被拔擢到一個聽起來很重要的位子：新產品主任。

但實際上，他的工作盡是些乏味的瑣事，例如居中協調大廳的交易員與資訊部的宅男，或是確保公司沒有觸犯證券相關法令。在公司裡，他經常被評選為「表現最佳的一％員工」之一，可是他在公司的地位，頂多像是英國上流階級的管家而已。在辦公室同事眼中，他算大咖；但在交易大廳上，那些賺大錢的交易員根本不鳥他。

他的辦公室，就在世貿中心北棟的八十一樓。九一一事件發生當天，他正好上午有事而較晚進公司——那也是他一整年當中唯一遲到的一天。他坐在公車上，眼睜睜看著一架飛機撞向他辦公室上方約十三層樓處。那天，除了他好幾位同事喪生，也有幾位他所認識的消防員殉職。他很少談起那一天，但私底下他相信，假如恐怖攻擊當時他人在大樓裡，他會選擇往樓上逃命，而不是往樓下跑。沒在大樓裡共患難，讓他一直對同事與公司深感歉疚。他就像一個效忠團隊的消防員般，效忠著華爾街。「我原本以為，自己會一輩子待在美銀證券。」他說。

偷看我 email？哼……

二〇〇八年的金融風暴後，美國銀行吃下了面臨倒閉的美林證券。接下來所發生的事，

---

*美國銀行旗下的證券公司，由於政府擔心誤導消費者，所以規定券商不得使用Bank這個字，因此改為Banc。

也讓小施大開眼界。

惡名昭彰的次級房貸，美林證券就是始作俑者之一。要不是美國銀行出手相救，美林證券早就從人間蒸發，但就在併入美國銀行之前，美林的高階主管們居然給自己發放巨額獎金，而這筆獎金要美國銀行來買單。「簡直過分到極點，」小施說：「非常、非常沒道理，我付出了九年青春所奉獻的公司，股價跌到谷底，而這些渾蛋竟然發給自己天文數字的獎金！這跟他媽的搶劫沒兩樣！」

更不可思議的是，最後居然是美林證券的人，接管了美國銀行的證券部門，然後把大部分原本美銀證券的員工給開除掉。這些人當中，有很多是對銀行忠心耿耿的好員工。「華爾街太惡劣了，我這下明白了，」小施事後回憶說：「企業根本不管員工死活。」

小施是少數保住飯碗的員工——因為美林找不到可以替代他的人選。但他已經對公司失去信任，而且這是他工作以來，第一次覺得公司也不再信任他。因為有一天，他從自己的私人信箱傳了一封 email 到自己公司的信箱，內容是關於一位被開除的老同事想要自立門戶開一家券商的事。結果，他被老闆找去問話，也讓他發現原來公司一直在暗中監控他。他心想：幹嘛監控我的郵件？

但其實小施監控老闆的本事，遠超過老闆監控他的能耐。而他也真的決定，要反過來監控老闆。這一來，也讓他發現了很多祕密。例如，美林證券暗池裡的成交量，因為高頻交易業者的炒作而暴增；他也因此得知，美林的人開闢了一條新財源：透過讓高頻交易業者取得美林暗池的交易資訊，賺取對方所給付的巨額費用。他還注意到，打造美林電子交易平台的負責人，是美林整家公司薪水最高的人之一，卻還是選擇辭職不幹，自立門戶去開了一家專門服務高頻交易業者的公司；他也看到，有同事以公司的名義寫信給美國證管會，反對制定更嚴格的交易規範。有一天，他看到一則傳言，說美林的人讓一位分析師寫了一份報告，證明美林的客戶全都因為在美林暗池交易而受惠——這實在太奇怪了，於是他決定把這傳言存檔起來，也許日後派得上用場。

小施自認是個有原則的人——像個好士兵，但金融風暴後的他，現在心中不斷冒出各種問號，並追蹤各種可疑的行為——就像個偷窺狂似的。

其實小布也是在把小施從美國銀行挖角到皇家銀行後，才發現他這樣的特質。但小布應該早就發現這一點才對，因為小施本來就是個產品經理（product manager）。在華爾街，產品經理得擁有某種「狂」的個性。因為，產品經理必須站在兩種人——交易員與資訊人——

之間，找出交易員的需求，然後設法讓資訊人完成任務。交易員通常不知道怎樣跟資訊人溝通，而資訊人往往受不了交易員的大呼小叫。舉個例子來說吧：皇家銀行的交易員可能會希望，螢幕上能有一個「索爾」的符號，讓他們可以更方便的在需要索爾的時候，按一下這個符號即可；但對資訊部門來說，光是設計一個這樣的符號，可能得花上長達二十頁的程式碼。這時，就需要小施出面了。「他會去處理別人根本沒興趣處理的瑣碎細節，」小布說：「反正，他就是那種會樂在處理瑣事的細節狂。」

他們發明這種手法，真的讓我很火大！

小施剛加入皇家銀行沒多久，小布就發現了他這樣的特質。當時，有個叫做「華爾街上的翅膀」（Wings Over Wall Street）的慈善組織，需要募款協助肌萎縮性脊髓側索硬化症患者（漸凍人），但皇家銀行婉拒參與，也沒說明原因。沒想到，小施發信給大家，解釋漸凍症的研究有多麼重要，並鼓吹同事們支持「華爾街上的翅膀」。想也知道，這讓銀行的高階主管非常不爽。

這讓小布很為難，一邊是新找來、非常重要的同事，一邊是想把他炒魷魚的高階主管。後來在小布的追問下，小施才透露，原來他母親就是因為罹患這種病而過世的。「但他卻在信中提也不提這件事，」小布說：「他花了很多年時間研究，希望能救回他母親。如果能讓大家知道這個背景，公司一定會改變初衷，而他卻選擇不講，因為他認為提這件事，違背他的做人原則。」小布後來發明了一個詞：「小施了」（Schwalling）。「當你不小心做了一件讓你看起來很蠢的事，」小布說：「你就是小施了！」

皇家銀行的「索爾」，引起小施的高度興趣。認識了小布，更讓他深信美國股市真的遭到操控了。他越深入研究，就越憤怒。「我真的好火大，」小施說：「這些人發明這種手法，去賺別人退休帳戶的血汗錢，我想到那些被坑的人——像我爸跟我媽，就很想把這些人揪出來！」

他回想起曾經在美林證券看到的一切，然後去找到當時寫那份暗池報告的分析師。這位分析師告訴他，其實他發現暗池交易雖然讓美林賺更多，卻讓客戶付出更高的代價，但是高層不喜歡這樣的結論。「他們就是要他修改報告內容。」小施說。

二〇一一年夏天的某個星期一早上，小布接到小施的電話。「他告訴我，今天不進辦公室。」小布還記得：「我問他，發生什麼事了？他只說：Trust me！然後人就不見了。」

原來，就在前一晚，小施帶著雪茄、椅子和 iPad，跑到自己家的後院裡。「我相信，一定有人在搞鬼，」小施說：「講到高頻交易，你會想到什麼？沒有人、也沒有臉孔讓你想，你只能想到電腦。但誰在操作這些電腦呢？」

於是，他開始到 Google 去搜尋幾個單字如「華爾街」、「弊案」、「偷吃步」等。剛開始，他想找的是「原因」——少數掌握了速度的人，悄悄偷賺其他投資者的錢，這怎麼會不違法？很快的，他就找到了答案：股市管理規章（Regulation National Market System，簡稱 Reg NMS），是證管會在二〇〇五年通過，但拖到二〇〇七年才實施的一套規範。根據這項規範，券商有責任在市場上為客戶找到最有利的價格。

每一天，有五萬五千次揩油的機會……

這套規範之所以會誕生，導火線是紐約證交所的交易大廳上，數十位交易員在二〇〇四年被控「插隊」提前交易，最後以兩億四千一百萬美元和解。在過去，券商替客戶下單，只需遵守一套較寬鬆的「最佳執行」（best execution）即可。打個比方說，假設你要以每股三十美元、買進一萬股的微軟，這時，如果券商在市場看到有人掛出三十美元要賣，但只有一百股，券商可以選擇暫時不買，等到有更大量賣單出現時再幫你買。這種交易規範，好處是能避免打草驚蛇，不讓市場知道有人要大量買進或賣出某檔股票。但是後來，當發現有券商濫用這套規範，就換Reg NMS登場了。

現在，根據Reg NMS的新規定，券商得為投資者找到「最佳價格」才行。假設你想買一萬股微軟，這時在BATS交易所有一百張、每股三十美元要賣，其他交易所掛出的賣價是三〇．〇一，那麼，券商就必須先把這一百張買下，然後才能去別的交易所買。「這等於強制每一筆下單，在成交之前，都得先跑遍每一個交易所才行。」小施說：「這也造成了更多被插隊的機會。」而且，根據Reg NMS，券商必須將單子優先傳送到提供最佳價格的交易所，這一來，也等於讓高頻交易業者更容易掌握單子的流向。

照理說，就算是這樣問題也不大。但這個新規範還推出了一個市場比價的新機制，叫做「最佳賣價與買價」（National Best Bid and Offer，簡稱NBBO）：美國股市的每一筆下單，都要匯入同一個地方。這個地方，就在電腦裡，叫做「證券交易處理器」（Securities

Information Processor，簡稱SIP——在華爾街，沒有什麼是不能用縮寫的）。十三個交易所都要把價格送到SIP，讓SIP來運算NBBO。

就像很多法令，Reg NMS的出發點，是良善且正確的。假如市場上的每一個人都有守法精神，美國股市將會是非常公平的市場。但問題是，這套規範有一個漏洞：沒有規範SIP的速度。首先，SIP要匯入與整理來自十三個交易所的價格，需要好幾毫秒；把運算結果傳送出來，也要花好幾毫秒。負責運算任務的設備與技術，往往又老舊又慢，而交易所顯然沒有更新設備的意願。

目前，沒有法令禁止高頻交易業者把自己的電腦放到交易所的大樓裡，也沒有禁止業者自己推出更快更新的SIP。而高頻交易業者所做的，正是這兩件事；也因為如此，高頻交易業者掌握市場訊息的速度，整整比一般投資者快了二十五毫秒——這二十五毫秒，足以讓一個訊號從紐約到芝加哥往返兩趟。

原本，Reg NMS是希望能讓美國股市更公平交易，沒想到，卻反而加劇了不公平的現象。今天，一小群人藉由擁有更快的速度，可以比別人先掌握市場，搶得先機。例如，一般投資者可以從SIP上得知，蘋果公司股票的價格是四〇〇～四〇〇．〇一，然後指示券商替他以每股四〇〇．〇一買進。從下單買進到成交之間的那一瞬間，對高頻交易業者來說是「黃金時段」。至於能從這黃金時段賺到多少錢，要看兩個變數：首先，是一般SIP與高頻交易業者專屬SIP之間的速度差異；其次是蘋果公司股價的波動有多大。速度差異越大，蘋果股價的變動機率也越高，高頻交易業者能上下其手的空間也就越大。

以蘋果來說，價格波動的確很大。根據加州大學柏克萊分校一群研究人員在二〇一三年二月發表的報告指出，一般SIP上的蘋果股價，與高頻交易業者專屬SIP上所出現的蘋果股價，平均每天會出現五萬五千次差異。也就是說，每一天高頻交易業者向一般投資者揩油的機會，有五萬五千次之多。他們可以趁一般投資者毫無所知的情況下，用較早掛出的較低價格買進，再用較新、較高的價格賣出。而這，只不過是高頻交易業者賺錢的手法之一。

奉公守法的投資者，只能傻傻的踏上陷阱

小施終於明白了，Reg NMS的規定，只是把奉公守法的投資者，送入高頻交易業者所布下的陷阱之中。「一想到這裡，我就非常、非常生氣！」他說。這股憤怒，催促他繼續追

溯問題的源頭。他想知道：這整個問題，是怎樣發生的？

於是他展開了另一項調查。結果發現，原來紐約證交所的專家們早就在鑽研法規的漏洞。於是，這讓小施不得不感到好奇：美國證管會推出Reg NMS這項新規範，背後真正的原因是什麼？

他一路追溯到一九八七年那場股市大崩盤。因為他發現，美國股市第一次出現高頻交易（儘管當時不像現在這麼厲害），就是在那段期間。當時在股市崩盤後，很多華爾街券商為了怕聽到客戶抱怨，乾脆不接電話；很多小散戶就算想交易股票，卻連下單都沒辦法。

於是，政府決定推動一套叫做SOES（Small Order Execution System）的小額電子交易平台，讓小散戶可以按一按電腦鍵盤就能交易，不必再靠那些不敢接電話的券商。但由於電腦的執行速度遠比人工撮合還要快，結果反而讓那些會使用SOES的投資者，享有比其他不用SOES的散戶更好的優勢。這時，小施想問的是：這套SOES制度，又是打哪冒出來的呢？

不過，光是google「華爾街」、「弊案」、「偷吃步」等關鍵字，就足以耗掉一整個晚上。小施一直搞到清晨五點才回到屋子裡，睡了兩個鐘頭，就起來打電話給小布，說自己今天不進去公司了。然後，他跑到紐約公共圖書館的史丹頓島分館。他滿心憤慨，雖然他自己也說不上來為什麼會這樣，但有一個感覺他很確定：這件事，太不道德了。「假如我能做點什麼事，把這些暗中偷搞別人的傢伙搞倒，我義不容辭。」他說。回到那個星期一，他最想做的，就是去研究美國股市史上各種插隊手法的由來。

整部華爾街史，根本是部醜聞史……

幾天後，他已經研究到十九世紀了。在他看來，整部華爾街史，根本是部醜聞史。所有市場上的不道德弊端，全都因制度上有漏洞而起。「永遠是道高一尺，魔高一丈。」他說。在圖書館研究了幾天之後，他一如往常般回去上班。他跟同事說，他搞懂了幾件事。

首先，今天他們所痛恨的惡行，其實由來已久——美國金融市場永遠處於墮落與即將墮落之間；其次，靠政府解決問題，成功機率是零：就算政府推出新政策來解決高頻交易弊端，這項政策也一定會造成另一種股市新禿鷹的誕生，投資者權益照樣遭到侵蝕。

但好消息是：拜科技之賜，華爾街如今終於可以擺脫所有對金融仲介角色的倚賴。股市裡的買家與賣家，都可以不必透過第三者的撮合，就能完成交易。「以現有科技的發展方向來看，我非常有把握，我們能解決問題。」他說。

然而，眼前小布有個更棘手的麻煩，就是：索爾的極限。「推出第一年的反應還不錯，後來就停滯了。」小布說。在一般商品的市場上，當消費者看到一種更新、更好的產品，往往會棄舊迎新。

但華爾街不是「一般」市場，這些投資機構會花大錢雇用華爾街的銀行，其實有很多理由——有時是為了取得市場研究報告，有時為了收買對方，有時為了建立人脈，也有時純粹是因為一直以來都如此。為了能和大券商保持良好關係，這些投資機構不惜將大部分股票委託給這些銀行交易，讓銀行大賺錢。「其實我們覺得索爾很好用，但我們也只能給你們這麼多生意了，畢竟我們還得付錢給高盛和摩根史坦利。」他們告訴小布。

也因此，儘管皇家銀行被選為美國第一名的券商，但獲利卻只能排名第九——無論怎麼努力，都無法爭取到更大筆的生意。而光靠這麼一點市占率，是改變不了整個市場的。更何況，看到皇家銀行的異軍突起，競爭對手們不是放話唱衰索爾，就是佯稱自己也會推出類似的程式。甚至，有人開始向羅南與小布挖角，表示願意付給他們高於皇家銀行好幾倍的薪水。其實當時華爾街上普遍採取人事凍結，但還是開口要給羅南——這位過去十五年來不得其門而入華爾街的人——高達一百五十萬美元的年薪。小布也被獵人頭公司找上，只要他願意離開皇家銀行，「保證」年薪三百萬美元。

為了留住團隊裡的人，小布說服銀行高層另外撥出一筆獎金，只要在公司待滿三年，就能領到這筆獎金——讓同事們的年薪較接近市場行情。高層也爽快答應了，之所以會如此爽快答應，也許正是因為小布並沒有為自己爭取這筆獎金，而且願意捨棄別家銀行的高薪挖角，繼續留在皇家銀行。

你這樣講，對高頻交易業者不公平

想讓索爾有更高的知名度，皇家銀行行銷部門的人向小布建議，不妨申請參加《華爾街日報》科技創新獎（Technology Innovation Award）。這個獎，小布聽也沒聽過，但他覺得倒是可以透過《華爾街日報》，讓全天下都知道華爾街有多腐敗。

自從打算公諸於媒體之後，皇家銀行也開始找小布開一場又一場的會：討論他該對華爾街說什麼。銀行擔心，會因此壞了與華爾街同業與交易所之間的關係。「他們不想得罪任何人，」小布說：「他們不要我公開談這件事。」而且他很快就明白，高層只是要他去申請創新獎，並不打算讓他公布索爾所對付的弊端。「我原本大約有八個重點想告訴《華爾街日報》，」小布說：「但是跟他們開完會後，什麼都不能說了。最後只有一件事情能講，就是：我們找到一種方法，讓所有股票下單都能同時抵達所有交易所。」

這就是待在皇家銀行的限制：你無法公開向弊端宣戰。而且小布什麼都還沒講，皇家銀行高層就覺得應該先把這件事告知證管會。他們要小布準備一份關於索爾的報告，然後親自從加拿大飛來美國，和小布一起去找證管會的「交易與市場處」開會。但小布不知道該怎樣準備他的報告，因為他從來沒跟證管會開過會，於是，只好想像就是要到美國國會作證那樣。開會當天，他照著自己準備的稿子念。滿桌開會的人都在聽，面無表情。「我緊張到要死。」他說。

聽他念完後，證管會的人卻說：**你剛才講的內容，對高頻交易業者非常不公平。**

蛤？小布說。

證管會的人說，不讓高頻交易業者以一百股虛假下單，是不公平的；透過索爾來阻止他們交易，是不公平的。小布看著對方——一位年輕的印度人。這時，另一位較年長的舉手表示不同意見：如果下的單子是假的，當然就不該下單。接下來，大家展開一場激烈的辯論，證管會的人當中，年輕的替高頻交易業者說話，較年長的則站在小布這邊。「根本沒有共識，」小布說：「但至少我現在知道了，他們短期內不會有任何作為。」

會後，皇家銀行暗中進行了一項調查。結果（從來沒對外公開）發現：打從二〇〇七年以來，有超過兩百位證管會卸任職員跳槽到高頻交易產業，以及專門替高頻交易業者遊說政府的顧問公司。這些人當中，有些甚至在政府制定管理高頻交易規則的過程中，扮演著關鍵角色。例如二〇一〇年六月，原本擔任證管會「交易與市場處」的副處長麗莎・金恩（Elizabeth King），就跳到景高投資。

整體來說，證管會比較站在高頻交易業者這一邊。他們的理由是這樣的：股票投資人——也就是為企業提供資金的人——彼此並不認識。而且，任何一支股票的買家與賣家，都不會同時間出現在市場上。因此，他們需要某種仲介，買下賣方的股票，然後賣給想買的人。但由於市場已經全面電腦化，交易速度太快——快到無法以人工來扮演仲介者，因此，這時我們就需要高頻交易業者的介入。

高頻交易業者的重要性，從數字就能看出來：二〇〇五年，在公開市場上，約有四分之一的股票交易是來自高頻交易業者；到了二〇〇八年，這個數字成長到六五%。看在證管會眼中，這是一種進步——對投資者而言，不僅帶來好處，也是必要的。因為回到過去靠人工撮合的年代，買賣雙方之間的價格差距，平均是〇．〇六二五個百分點；現在有了電腦，以那些成交量較大的股票來說，差距往往只有一美分——也就是〇．〇〇〇一個百分點。挺高頻交易產業的人認為，這意味著市場因為高頻交易業者的存在，而有更佳的流動性。

成交量，不等於流動性……

相反的，反對高頻交易業者的論點，一直沒有受到更多重視——至少，小布從來沒聽過證管會說過半句話。

其中，有一點需要先釐清：「交易活動」（trading activity）與「流動性」（liquidity），是兩件截然不同的事——一個新加入市場的交易員，可以隨時跳進市場瘋狂地買賣股票，但不等於這位交易員能為市場創造價值。

舉個例子來說吧，想像一下美國現在有一個新規定：每一筆股票下單，都「必須」先被一家叫做「黃牛」（Scalpers Inc）的公司插隊。照這個新規定，每一次你想買一千股的微軟，「黃牛」都會第一個知道，然後到市場上把一千股微軟買下來，轉身再以一個更高的價錢賣給你。這家「黃牛」不會承擔半點風險：它每一次買股票，都是因為已經知道能轉手賣給誰；當它賣股票，也早就知道有誰要買。每一天收盤，它都可以兩手空空地不必留下半支股票在手中。但就算沒有「黃牛」，其實買賣雙方還是會照樣買賣股票，因此「黃牛」存在的唯一功能，就是擋在買賣雙方之間而已。

而從這裡我們不難發現，每一次「黃牛」從賣家手中買進股票，以及把股票賣出給買家，都會帶來兩個結果：一，交易量會多一倍出來；二，增加出來的交易量中，「黃牛」就占了一半。換言之，這家公司沒有為市場增加半點價值，卻會因為占有一半成交量而被視為市場中的重要角色。

在實施 Reg NMS 以後的美國股市，其實就像前面所講的狀態。從二〇〇六到二〇〇八年，高頻交易業者在美股的成交量占比，一口氣從二六％暴增為五二％，而且從此以後沒有低過五〇％。與此同時，美股的成交筆數也爆量，從二〇〇六年的每天一千萬筆，增加為二〇〇九年的超過兩千萬筆。

挺高頻交易的華爾街業者最愛用的理由之一，就是「流動性」，彷彿這個理由一出，大家都得閉嘴。很多人都把「流動性」，視為「交易活動」、「成交量」的同義詞。但很明顯，「流動性」當然不等於「成交量」——因為光是允許插隊者的出現，就能帶來更多成交量了。高頻交易業者常把「流動性」掛在口中，但這又代表什麼意思？

「高頻交易業者每天都會把手上股票清光，」小布說：「他們在買方與賣方之間閃進閃出，根本沒人知道他們的存在。」沒錯，在高頻交易業者出現之後，市場上買賣雙方的價差的確大幅縮小。但即使沒有高頻交易業者，拜自動化交易所賜，價差照樣會縮小。何況，「價差縮小」有時也只是假象：你以為有價差，其實沒有——因為就在你想以某個價格買賣的那一剎那，股價又變了。

看著他搭私人專機去度假，你不擔心嗎？

「黃牛」角色的出現，其實為市場帶來的負擔，遠大於貢獻。任何市場上的仲介，都是一種「資本稅」——所有交易者都得買單。去除這種稅，大家都能受惠。而科技的出現，就該讓投資者能彼此直接交易，不必再仰賴仲介者，這種「資本稅」自然也該走入歷史。但實際上卻正好相反，高頻交易業者出現之後，大家反而要付出更高代價——而且每年高達上百億美元。

話說回來，真有這麼多嗎？想知道「黃牛」讓大家付出多少代價，我們得先知道這家公司一年賺多少錢。但這卻是不可能的任務，因為新誕生的這些業者，都擅長於隱藏自己的獲利。想知道他們賺多少錢，你只能從他們的花錢行為去猜測。「以前我們所看到的，是個在交易所大廳上班的美國佬，每天收盤後，坐著豪華凱迪拉克回到他在長島的豪宅。」有位觀察市場多年的投資大戶說：「但現在，我們看到的是一個俄國佬，週五收盤後搭上私人專機，飛到札幌去度週末。過去，我多少會懷疑這位美國佬究竟怎麼賺錢的，現在，俄國佬讓我更擔心。」

「黃牛」的問題還不只如此。這家硬卡在買賣雙方之間的仲介者，不僅沒有存在的必要，甚至會刻意讓市場失靈——例如：盡量讓股市出現激烈波動，就是這家公司會做的事。這家公司可以用每股三十美元跟你買下微軟，是因為它知道只需過數微秒之後，一轉手就可以用三〇・〇一美元賣掉。當股市的波動越激烈，微軟股價在這數微秒之內的起伏也會更大，這家公司也就有更大的套利空間。

有人可能會說，市場的波動本來就有利於仲介者。但這想法是錯的，拿過去的紐約證交所來說，有時候他們得在市場下跌時被迫進場買股撐盤，或是在市場上揚時賣出股票調節，因此往往越是激烈波動的交易日，紐約證交所的獲利表現越差；相反的，在波動平穩的交易日，是它獲利最好的時候。

除此之外，「黃牛」還會想做的一件事，就是：盡可能讓市場分散。當一支股票在越多不同交易所買賣，就為它提供更多的插隊機會。於是，「黃牛」的老闆一定會鼓勵成立更多交易所，然後每一家交易所彼此距離越遠越好。還有，「黃牛」也一定很希望讓自己有最快速的設備；一般人的交易設備越慢，對它越有利。

「黃牛」所帶來的另一個（也是最怪異的）問題是：想要知道哪些投資者想買賣哪支股票——然後去插隊——最簡單的方法，就是假裝要跟對方交易。現在的美國股市，允許你在取得買賣資訊之後，不必真的完成交易。這正是「快閃下單」（flash order）弊案的核心關鍵：交易所居然允許這些高頻交易業者，搶在一般投資者之前，先知道哪些投資者想買賣哪檔股票，卻不必承擔交易的義務。

沒錯，有時候遇上大戶，你得先跟他們成交一點股票，才能知道大戶到底有什麼意圖。比方說，你得先賣出一點 Google 股票給普信集團，才會知道原來普信想買的數量高達五百萬股。但這一點小額交易對「黃牛」來說，就像是放在陷阱裡的誘餌而已。

你可能不相信，自從 Reg NMS 實施以來，美國金融市場一直朝著對「黃牛」最有利的方向發展：平均單筆成交量大幅萎縮，市場越來越分散，高頻交易業者的速度優勢也與一般市場越拉越開。而且，今天的美股波動越來越激烈：拿二〇一〇到二〇一三年這段期間來說，平均單日波動率就比二〇〇四到二〇〇六年間高出四〇%；在二〇一一年，有些交易日的波動，甚至比網路泡沫期間還要激烈。

金融危機爆發後，股市的確波動得很厲害，也許這是為什麼很多人將激烈波動視為理所當然。但危機畢竟過去了，激烈波動卻持續上演中。小布認為，這很可能跟插隊行為有關。因為，插隊者會先賣給你一百股，然後得知你其實要買更多，於是趕緊把市場上其他要賣的股票都吃下，並造成股價上揚（如果你是賣家，結果則正好相反）。「為了把股價炒高或炒低，高頻交易業者會無所不用其極。」小布說。

有些投資者也發現了：現在越來越不容易一次買進或賣出大批股票。而股市大戶們對這個現象的不耐，也讓更多暗池應運而生。二〇一一年中，大約有三成的交易不在公開市場上完成，其中絕大多數都是跑到暗池去。

那些聲稱為了我好的人，我都不相信

瑞奇．蓋茲（Rich Gates）很納悶——至少一開始是如此——華爾街那些大券商到底葫蘆裡賣的是什麼藥？

二〇〇八到二〇〇九年間，這些券商會跑到他辦公室裡，說要賣一套運算程式給他，讓他能在股市「保護自己」。照他們的說法，這些程式就像是躲在叢林深處的猛虎，是盤踞在樹上的大蟒，等著獵物上門。他們會用「埋伏」、「夜鷹」、「突擊者」、「黑暗出擊」、「相撲」等等為程式命名。例如花旗推出的叫做「匕首」（Dagger），德意志銀行的叫「鋒刃」（Slicer），瑞士信貸的叫「游擊隊」（Guerrilla）。這到底是什麼玩意兒？

不僅是名字讓蓋茲狐疑，這些銀行都口沫橫飛地告訴他，這套程式能保護他。但，要保護什麼？為什麼需要保護？要防的是誰？「對於那些聲稱為了我好的人，我通常都不會相信，」蓋茲說：「尤其是在華爾街。」

蓋茲掌管一家名叫ＴＦＳ資本（TFS Capital）的共同基金——是他與同樣來自維吉尼亞大學的朋友一起創辦的。蓋茲老說自己是鄉巴佬，但其實他是個數學天才——只不過剛好出身自費城邊的郊區而已。雖然手上掌管來自三萬五千位小散戶的二十億美元資金，他還是覺得自己是金融業的圈外人。他認為，很多共同基金花很多時間搞行銷，卻沒花足夠時間在管理投資者的錢。很多基金經理人，根本不該留在這一行。

為了證明自己的觀點，他在二〇〇七年從一堆資料中，找出了一檔美國績效最爛的共同基金，叫做「鳳凰市場中性基金」（Phoenix Market Neutral Fund）。在過去十年中，蓋茲管理的基金每年為投資人賺進一〇％的報酬率；但鳳凰基金卻賠了〇．〇九％——也就是說，投資人把錢埋在自家後院，報酬率都還更好。他寫了封信給這家基金的老闆，信裡大意是說：你很顯然不善於管理資金，幫幫你客戶一個忙，把資金交給我，讓我幫你操盤吧。但想也知道，對方沒回覆他。

那些登門拜訪的華爾街券商，讓他有了戒心。「我感覺，這其中一定有鬼。」他說。於是，他與同事決定做一下實驗，看看股市到底出了什麼問題。首先，他找了一檔他平時不常交易的股票「小辣椒墨西哥燒烤餐廳」（Chipotle Mexican Grill），然後下單到一家華爾街的暗池，說要以「中價點」（mid-market）價格買進。假設當時「小辣椒」的股價是一〇〇～一〇〇．一，蓋茲下單要以一〇〇．〇五買進一千股。通常，像這種情況得先等上一會兒，看看有沒有人願意降價，從一〇〇．一降為一〇〇．〇五賣給他。然後，蓋茲在下單數秒後，立刻到公開的交易所下單，說要以一〇〇．〇一元賣出「小辣椒」。

按理說，接下來應該出現的結果，是他會以一〇〇．〇一，也就是市場「最佳價格」，買進他自己所賣出的股票。但實際完成的交易，卻讓他大吃一驚。因為，就在那短短的一眨眼瞬間，他發現自己完成了兩筆交易——他在暗池裡，以一〇〇．〇五元買到了股票，然後在公開的交易所裡以一〇〇．〇一元把股票賣出。就這樣，左手與右手交易之間，讓他賠了四美分。很明顯，中間有個第三方，先吃下了他在公開交易所裡的賣單，然後跑到暗池裡來占他便宜。

蓋茲和他的團隊用自己的錢，在幾個華爾街的暗池進行了好幾百次實驗。二〇一〇年上半年，只有一家華爾街的暗池有問題，那家就是高盛。在高盛那個叫做「西格瑪X」（Sigma X）的暗池裡，他有大半交易都是被剝皮的。他有點意外，竟然是高盛（而且是只有高盛）的暗池，會有人攔截他的交易。

於是他打電話給高盛。「高盛的人告訴我，這樣批評不公允，」蓋茲說：「因為不只有高盛這樣，對方跟我們說，其實每一家都一樣。」

為什麼提也沒提「高盛」？

這讓蓋茲更吃驚了。「第一次看到實驗結果時，我心想：這顯然有問題。」他說：「但我也很驚訝的是，居然同業中沒人去關心這個問題，沒有追根究柢。如果像我這樣的鄉下老粗都能發現這個問題，一定也早有人注意到了。」盛怒之下，他打電話給一位《華爾街日報》的記者朋友。這位記者跑來看了蓋茲的實驗，也展現高度興趣，但兩個月過去，還是不見半篇報導——蓋茲有預感，對方應該不打算報導了。

就在這時，蓋茲發現了新通過的《陶德－法蘭克華爾街改革與消費者保護法》（Dodd-Frank Wall Street Reform and Customer Protection Act）裡，有一條「吹哨子條款」（即設立檢舉獎金）。「我那時心想，靠，反正我本來就打算揭發這件事，如果依這個條款，還有獎金可拿，真是太棒了。」

其實，證管會「交易與市場處」的人真的很不錯——跟外界所想像的很不一樣。他們都很聰明，會抓重點，連蓋茲實驗中的小問題都能注意到。但是，對於該如何處理眼前的這些資料，他們卻沒有半點頭緒，到底是誰躲在高盛的暗池裡，揩投資者的油？他們也說不出個所以然。

接下來幾個月，「當我吹過哨子後，我轉為低調了。」蓋茲說：「我只想把自己的基金顧好，沒打算到處爆料。」緊接著，發生了「快閃崩盤」事件，也讓《華爾街日報》對他的實驗重燃起興趣。後來，該報也的確報導了蓋茲的實驗，但報導中卻提也沒提「高盛」二字。

「我原本以為，這下應該有好戲看了，」蓋茲說：「結果什麼也沒發生，網站上那則新聞底下，只有十五個回應，而且全都是來自俄羅斯的垃圾廣告。」

不過，倒是有一個人看了報導後，與蓋茲聯絡，並建議他不妨再做一次實驗，但這一次，特別針對ＢＡＴＳ交易所，以及瑞士信貸的暗池——名叫「互尋」（Crossfinder）。出於好奇，蓋茲在二〇一〇年底再度進行了一次實驗，除了針對ＢＡＴＳ與瑞士信貸之外，還包括高盛等其他暗池。但是這回，高盛的交易恢復正常了。「我們第一次做實驗時，」他說：「只有高盛出狀況，別的交易所與暗池都正常；但隔了六個月，卻變成所有交易所與銀行全都有問題，只有高盛除外。」

什麼，自己開一家證券交易所？

二〇一一年五月，小布所組成的小團隊，包括小施、羅南、帕克以及另外兩位，全都坐在小布的辦公室裡。他們周圍擺放的，是歷屆《華爾街日報》科技創新獎的得主資料。

原來，行銷部門告知他們這個獎項時，其實已經是報名截止日的前一天了。現在他們得先搞清楚，索爾該報名哪個類別，要怎樣讓評審相信索爾是了不起的創新。「辦公室裡到處是文件，」帕克說。「搞半天，」小布說：「根本沒有合適我們報名的類別，最後我記得我們申請的是『其他類』。」

「我提了一個很爛的點子，」帕克說。他指的點子，是把索爾的技術授權給某一家交易所。回到當時，華爾街券商與交易所之間的界線，已經越來越模糊——很多券商現在有了自己的專屬交易所，而交易所則不斷爭取扮演券商的角色。例如一些大型的交易所，現在提供一種服務：券商只需提供客戶的下單即可，然後透過交易所的路由器，把交易資訊傳送到所有交易所。會採用這種服務的，通常是一些自己沒有路由器的區域型小券商。但交易所居然提供這種服務，給了帕克這樣的靈感：如果哪家交易所能提供客戶「免於被揩油」的技術，應該會有很多小券商買單才是。

「不管了，」小布說：「乾脆我們自己搞一個交易所好了。」

「我們都愣住了，」帕克說：「大家面面相覷，自己搞一個交易所？幹嘛？」

幾個禮拜後，小布飛到加拿大，向長官推銷他想成立交易所的點子。緊接著，二〇一一年秋天，他找來一些全球最重要的資產管理業者——例如駿利集團、普信集團、東南資產管理公司（Southeastern Asset Management）、黑石（BlackRock）、威靈頓（Wellington）等，以及幾位重量級的避險基金高手，如大衛．安霍恩、比爾．艾克曼、登恩．羅普等。他們對於小布的點子，反應都一樣：要設立一家能保護投資者的交易所，他們都很贊成；但是這家交易所如果要讓人信賴，就得獨立於華爾街之外，不宜隸屬於任何一家華爾街銀行——即便是很 nice 的皇家銀行也不行。換言之，如果小布想成立一家這樣的交易所，他就得辭職，自己創業。

這一來，難度是很高的。他得先找到足夠的資金；得去說服一堆收入很高的人離開現有的職務，來投入這份薪水少很多的工作——搞不好剛開始還得自己掏腰包付自己薪水呢。「我問自己：能找到所需要的人才嗎？就算一開始他們願意不支薪，但能撐多久？」而且，他也得確定，掌握了七成交易的九大華爾街券商，願不願意把客戶的下單，傳到這家新成立的交易所來？如果這些券商過去坐視投資者被揩油，又為什麼會願意支持一家標榜保護投資者不被揩油的交易所呢？

在小施的調查完成之前，有很長時間，小布深怕自己錯怪了那些華爾街券商。直到二〇一一年秋天，小施不斷透過 LinkedIn 社群平台，找尋曾經待過高頻交易產業的人，最後終於為我們拼湊出高頻交易業者的面貌——或者應該說，兩個面貌。

「我相信，一定有人在幕後操作，」小施說：「我透過社群網站跟他們建立聯繫，並進而深入他們的人際網絡。最後我發現了大約二十五位『內行人』，也就是知道這是怎麼回事的人。」他們大都是白人，四十幾歲，而且幾乎都曾經待過——一九八七年大崩盤後的新政策所催生出來的——電子化交易所。這些人或許有點技術背景，但基本上比較像是交易員，而不是什麼資訊宅男。

這些金融市場上的新面孔，有著不同的出身背景：有過去十年都待在美國大學裡的中國人，有來自費瑪（FERMAT）實驗室的法國物理學家，有俄羅斯的航太工程師，有拿到電機博士學位的印度人。「基本上，他們全都有很高的學歷，」小施說：「我還記得，當時我心想：這些人居然不為社會解決問題，反而投入這個行業、揩投資者的油，真是太不幸了。」

這些受過良好訓練的工程師與技術專才，通常是被大券商引進華爾街，等他們搞懂了市場以後，漸漸投入高頻交易業者的陣營。這些人獨立性很高，根本不像是在大公司上班的人。例如你可以從他們在 LinkedIn 公布的資料中，看到很多照理講公司不會允許公開的資訊。從這一點，小施發現了這群禿鷹的特徵：他們雖然受雇於華爾街券商，但其實從來就對券商沒什麼忠誠度。

瑞士信貸的員工，就是最好的例子。瑞士信貸的暗池 Crossfinder，與高盛的 Sigma X 一樣，都是華爾街最大的封閉式交易平台。而瑞士信貸最重要的賣點，就是強調自己重視投資者的權益，會保護投資者免受高頻交易業者的揩油。回到二〇〇九年十月，瑞士信貸主管登恩・馬西森（Dan Mathisson），出席美國國會一場關於暗池概況的聽證會。「暗池與高頻交易業者掛鉤，這種說法根本不能成立。」他說：「高頻交易業者賺錢的方式，是靠比別人更快取得公開的資訊；但暗池業者從頭到尾只想把資訊藏起來，根本不想讓資訊公開。」

一個禮拜前就知道比賽結果，下好注等在那裡

但多虧了小布把一切解釋得很清楚，小施知道：馬西森的說法是錯的。沒錯，當一家退休基金公司告訴某家銀行說要買十萬股微軟股票，銀行會把這筆單子轉入自己的暗池，外人無從得知。但其實，只有剛開始是這樣。因為，這家退休基金並不清楚暗池內部的運作邏輯，也無法知道這筆買單在暗池裡是怎樣交易的。比方說，這些券商自家的交易員是否被允許優先取得下單訊息？這些交易員會不會利用這訊息為自己獲利？外人是無從得知的。

就算券商能抗拒誘惑，不讓自家操盤手占客戶便宜，但卻很難抗拒高頻交易業者的敲門，讓他們進到自家的暗池裡攫取下單訊息。儘管華爾街的大券商都沒有透露收取了高頻交易業者多少錢，但可以確定，這已經是業界常態了。

這一來，讓我們不得不問一個再簡單不過的問題：為什麼會有人願意花錢，就為了取得

暗池裡的資訊？

一個很簡單的答案是：這些券商客戶在暗池裡的交易，是油水超多的可口肥羊。通常，客戶會下在暗池裡的單，數量都很龐大，且很好預測，這主要是因為每一家券商都有一套頗固定的交易手法。再加上交易速度通常很慢，因為得先停留在暗池一陣子，確定無法在暗池內成交，才會傳送到暗池之外的交易所。「暗池裡的單子，」小布說：「你就算騎著腳踏車都能插隊。」

當然，客戶（例如這家退休基金）也可以指定券商，必須將這十萬股微軟的買單留在、藏在暗池裡，不得傳送出去公開市場。但暗池裡的訊息，其實無法真的藏起來。因為高頻交易業者會在暗池裡設下誘餌——極小量下單要買進或賣出股票，一旦發現暗池裡有人要買微軟，他們就會趁公開市場的微軟股價滑落時買進，然後再轉手以更高價格賣給暗池裡的買家。這種賺錢手法毫無風險，占盡他人便宜，但——託 Reg NMS 的福——卻是合法的。用小布的話來比喻，這就像有個賭球的人早在一個禮拜前就知道今天的足球賽結果，然後下好注等在那裡。

在調查瑞士信貸的暗池時，小施發現有一位電子交易的負責人喬許・史丹菲力（Josh

Stampfli）。這位老兄在加入瑞信之前，曾為馬多夫（Bernie Madoff）工作了七年。這個背景，當然引起小施的注意，於是去搜尋了關於瑞信暗池的相關報導。結果他發現，瑞信應該是打從成立暗池第一天，就已經與高頻交易業者掛鉤了。

例如在二〇〇八年四月，有位叫做高利諾夫（Dmitri Galinov）的老兄，告訴《證券科技觀察報》（*Securities Technology Monitor*），不少瑞信的「客戶」為了能靠近瑞信的暗池，已經把主機設在紐澤西州的威哈根市。但是我們現在都知道了，唯一會把主機設到暗池附近的，只有羅南的老客戶們——也就是高頻交易業者，一般投資者根本不會在意那幾微秒之間的差異。

換言之，在小施看來，瑞信口中的「客戶」，顯然包含了高頻交易業者。尤其是讀了一篇馬西森接受《紐約時報》的專訪後，小施更加確定，瑞信刻意隱藏專為高頻交易業者服務的意圖。

> 《紐約時報》問：Crossfinder 暗池的主要客戶是誰？為什麼不去公開市場下單，而來你們的暗池裡交易？能如何賺錢？

馬西森答：我們的客戶是共同基金、退休基金、避險基金等等，總之……都是大型法人……

刻意不提到高頻交易業者，小施認為，是此地無銀三百兩。

我擁有偷竊的技能，而且知道哪些屋子可以下手

與此同時，小施繼續在 LinkedIn 挖掘更多資料。一位前馬多夫員工，也讓小施找出了其他曾經替馬多夫工作的人。他發現，雖然瑞信設法對外撇清與高頻交易業者之間的掛鉤，底下的員工可沒必要配合。例如小施至少就找到好幾十位瑞信電腦工程師，在自己的履歷表上公開強調自己「設立過高頻交易平台」、「參與擬定高頻交易策略」等等。其中有一位老兄，還直接說自己「管理新加入 Crossfinder的高頻交易客戶」；另一位則說自己「曾參與建構瑞信的 Crossfinder 暗池，目前的工作是為高頻交易撮合」。換言之，儘管瑞信聲稱自己與高頻交易無瓜葛，但卻聘請了一大票高頻交易專家。最後，小施為瑞信暗池製作了一份「組

織成員圖」。「這些人的名字都在圖表上，」小布覺得太不可思議了：「看起來就像是某個FBI臥底為販毒集團所製作的組織成員圖。」

「很明顯，我們並不是第一個發現問題的人。」小布說：「也讓我更加確定，要解決問題，恐怕遠比想像中困難得多。這些投資機構客戶們之所以被蒙在鼓裡，是因為他們的市場消息來源，全靠這些券商。」換言之，要成立一個新的交易所，標榜能保障客戶權益，等於點燃客戶與券商之間的戰火。

而且，小施的調查結果，也讓小布發現這些搞技術的人，其實不知道自己在金融市場扮演著什麼樣的角色。「看到小施所挖出來的履歷表時，我太吃驚了。」他說：「顯然這些券商有套策略，那就是：對外透露越少越好。如果有哪位員工對媒體大嘴巴，他們會把這人給開除；但在LinkedIn上，瑞信就管不到了。」

從這些履歷表的內容看來，這些技術人員也完全不知道這套系統的弊端有多嚴重。「這些人很明顯地都在狀況外，」他說：「他們等於在告訴全世界：我擁有偷竊的技能，而且我知道哪些屋子可以下手。」

小施也發現，華爾街業者所找來的技術高手中，來自俄羅斯的比例之高，令人意外——

雖然一開始他也搞不懂為什麼會這樣。「從這些俄羅斯佬的 LinkedIn，你會發現他們似乎跟所有俄羅斯人都認識，」小施說：「我從高利諾夫那裡，可以連結到名叫 Misha、Vladimir、Tolstoy 等等的人。」這些俄羅斯人都不是來自金融圈，而是一些電信專家、物理學家、藥學專家、數學教授等領域的高手。由於不明白箇中眉角，小施決定暫且把這個發現擺一邊。

| 第5章 |

高盛機密被偷了

噓，你們知道得越少越好

薩吉（Sergey Aleynikov）只是無數想擠身美國、想到華爾街淘金的人之一。

但他在一九九〇年——柏林圍牆倒塌後的次年——離開俄羅斯時，不是懷抱希望，而是心裡充滿哀傷的。「年輕時我萬萬沒想到會離開，」他說：「我愛俄羅斯，布里茲涅夫主席去世時我還哭了。而且我討厭英文，根本不可能學好。」他後來之所以離開，是因為他想要念的科系，俄羅斯政府不准他念。

因為他是猶太人。

在俄羅斯，猶太人考大學格外困難；就算考試過關，也只有少數幾所莫斯科的大學願意收猶太學生，而且只能念少數幾個政府允許猶太人選修的科系。薩吉原本被分配到數學系，但他卻對寫電腦程式情有獨鍾。雖然他一直到十六歲那年才開始接觸電腦，他所做的第一件事就是為電腦寫個新程式：畫出正弦波的圖形。看著電腦按照他寫的程式運作，他從此著迷不已。讓他著迷的，「是各種細節，你不僅需要理解問題，也得找出解決問題的方法。寫一套程式，就像生一個小孩。」他說：「那是一門創作，有人可能覺得那是很枯燥的技術，但對我來說就像藝術般讓人滿足。」

於是他申請轉系——從數學系轉到電腦科學系——但遭到學校拒絕。「就這樣，我發現自己不合適留在俄羅斯。」他說。他在一九九〇年抵達紐約，住進九十二街上的希伯來青年協會（算是猶太人版的ＹＭＣＡ）。

從赤手空拳，到美夢成真……真的嗎？

紐約這個城市，有兩樣東西讓他非常吃驚：街頭上人種的多樣性，以及超市裡豐富的食物種類。他拍下曼哈頓商店裡所展示的一排排香腸，然後寄給莫斯科的母親看。「我從來沒見過那麼多種香腸。」他說。

但當他逐漸熟悉了新環境，他開始反省：這麼多種食物，真有必要嗎？他讀了很多資料，「我決定花點時間研究，試著想清楚哪些食物真的有益，哪些是多餘的。」他說。最後，他成了個素食主義者。「我不認為一個人所需要的能量，全都來自食物，」他說：「我認為，是來自環境。」

來到美國，身無分文的他不知道可以怎樣維生。於是去上了一堂「怎樣找工作」的課，「其實滿挫折的，」他說：「我不會講英文——這是真的，然後我寫的履歷表看起來像外星來的人。」後來找工作，第一位面試他的人，要他描述自己。「對於我們這種在俄羅斯長大的人而言，」他說：「所謂描述自己，就是要我講在哪出生、有多少兄弟姊妹等等。」於是薩吉開始細數自己的成長經過，「對方聽完，說會再聯絡，但後來再也沒聯絡我。」

不過，在寫程式這件事情上，他有著過人的天分，也讓他在紐澤西的一家醫學中心找到工作，時薪八．七五美元。後來，他找到一份更棒的工作：在羅格斯大學（Rutgers University）電腦系，而且申請到獎學金，同時拿到了碩士學位。畢業後，他先後待過幾家新創的網路公司；一九九八年，跳槽到紐澤西一家叫做ＩＤＴ的電信公司。接下來的十年，他負責寫一個又一個的程式，把每天數以百萬計的電話，轉接到最便宜的線路上。剛加入時，ＩＤＴ

有五百位員工，到了二〇〇六年已多達五千位，而他自己則是最當紅的一位技術高手。那一年，獵人頭公司找上他，告訴他華爾街願意花大錢，找他這樣的人。

薩吉對華爾街一無所知，也沒多大興趣。他有辦法讓電腦的速度更快，卻對於自己的生涯規畫動作遲緩。獵人頭公司曾丟給他一堆關於如何為華爾街寫電腦程式的書，以及一本如何在華爾街面試成功的指南，並告訴他在華爾街，能賺到比目前的二十二萬美元年薪還要高很多的薪水。薩吉受寵若驚，也對對方很有好感，但讀了那幾本書之後，他認為自己並不合適去華爾街。他喜歡在大電信公司裡所面對的各種技術挑戰，而且對賺更多錢的意願不高。

一年後（二〇〇七年初），獵人頭公司再度找上他。不過這一次，ＩＤＴ已經面臨財務危機，薩吉開始擔心公司會撐不下去。他沒多少存款，老婆伊莉娜（Elina）懷了第三胎，正打算換到大一點的房子。於是，他同意先跟那家指定要他的華爾街券商談一談。那家券商，就是高盛。

表面上看來，薩吉完成了所有移民美國者的夢想。他娶了同樣來自俄羅斯的女孩，把原本較小的房子賣了，在更高檔的小瀑布區（Little Falls）買了間較大的房子，請了位保母，有一群同樣來自俄羅斯的好友。但薩吉每天都忙著工作，他老婆也從來沒搞懂他到底在忙什麼，夫妻關係其實不算親密，他與朋友之間也很疏離。沒錯，他擁有了一些物質享受，但他根本不怎麼喜歡這些東西——新家的大草坪就是個例子。當初在找新房子時，他覺得如果能有自己的草坪多好（在俄羅斯，這可是聞所未聞），可是一旦擁有草坪之後，他就後悔了。

他的一位作家朋友瑪莎（Masha Leder）就說，薩吉雖然絕頂聰明，但卻仍是個典型的俄羅斯電腦專家——全心投入工作，只是他逃避生活中各種現實難題的藉口。「薩吉的人生，是某種幻影，」她說：「或是一場夢，他對現實是無感的。他喜歡辣妹，於是娶了一位辣妹；還沒真正了解辣妹之前，就已經跟她生了三個小孩。他之所以瘋狂工作，是為了讓她有錢可花；他之所以回家，是因為她會準備好他要的素食。」

當高盛來敲門，3599是不是質數？

現在，華爾街找上了他。高盛先跟他通了一連串電話，然後要他去公司，花一整天時間面試。這讓他緊張起來，甚至覺得有點怪異。「我很少看過有人花這麼大力氣，就為了評估一個人。」他說。

一個接一個，高盛的主管不斷向他拋出各式各樣的問題——腦筋急轉彎、數學習題、電腦謎語等等。第一天結束時，高盛要他隔天再來。他回家後，覺得不是很想去高盛了。「但是隔天一早起床，」他說：「我突然有了鬥志，想通過高盛的考驗，因為這樣的挑戰實在太有趣了。」

不過，面試時倒是有一點讓他感到意外：高盛居然有一半以上的程式設計師，都是俄羅斯人。在華爾街，俄羅斯人寫程式很厲害是眾所皆知的。薩吉猜想，這可能與他們過去學寫程式時，所面對的時間限制有關。「在俄羅斯，你用電腦的時間是以分鐘計的，」他說：「寫一套程式，你只有很短的時間去完成。因此，我們練就了一門本事，得在把程式寫入電腦之前，先把各種狀況都想清楚。」就算是多年後的今天，他在寫程式時還是習慣先寫在紙上，然後再輸入電腦。

隔天，他決定繼續接受高盛的拷問。這回，地點是在一位高頻交易員——亞力・大衛多維克（Alexander Davidovich），也是一個俄羅斯人——的辦公室裡。那天，高盛董事總經理只問了兩個問題——兩題都是要測試他解決問題的能力。第一個問題是：3599是質數嗎？

薩吉第一時間就發現，3599這個數字的特徵：很接近3600。於是他動手運算：

$3599=(3600-1)=(60^2-1^2)=(60-1)(60+1)=59\times61$

$3599=59\times61$

答案：不是質數。

這個問題其實不難，但正如薩吉所說：「如果你一心想要盡快解答問題，問題就會變得困難得多。」他大約花了兩分鐘，找出這個問題的答案。

高盛董事總經理給出的第二個問題，就複雜得多：他描述一個空間——這是個長方形的盒子，然後把長、寬、高告訴薩吉。「他說，地板上有一隻蜘蛛，然後設定了一些條件；然後天花板上有隻蒼蠅，同樣設定了條件。接著他問我：請算出蜘蛛抓到蒼蠅的最短距離。」

蜘蛛不會飛，只能走在表面上，而兩點之間最短的距離，是直線。因此薩吉心想，那就把盒子摺起來，把三度空間壓縮成二度空間，然後透過畢氏定理，計算出距離。這道題，也花了他好幾分鐘才解開。然後，亞力開口，邀請他加入高盛，起薪加上獎金是二十七萬美元。

美味大餅，高盛豈能只吃到一小口？

無論從整個金融業或高盛的歷史來看，他加入高盛的時間點，都非常有意思。

二〇〇七年中，高盛的債券部門正在助長全球金融危機，其中最糟糕的，包括協助希臘政府做假帳、隱藏債務；以及大玩注定出事的次級房貸，從中獲利。同一段時間，高盛的股票部門則面臨美國股市（沒多久就崩盤了）的大革命：曾經被那斯達克與紐約證交所長期寡占的股市，當時正在解體；解體之後，如今你想買賣任何一檔股票，在紐澤西十三家公開交易所中的任何一家都能交易；數年之間，美國市場也多出了超過四十個暗池——其中兩個屬於高盛，同樣能買賣任何一檔股票。

這場股市大解體（得部分歸功於Reg NMS）也導致成交量暴增。只是多出來的成交量，不是來自傳統的投資者，而是出自高頻交易業者所操控的高速電腦。簡單講，交易股票的場所越多，高頻交易業者介入買賣雙方之間的機會也越大。這真的很糟：引進電腦化的初衷，就是希望能消除在買賣雙方之間多賺一手的仲介——至少也要大幅降低這些仲介在市場上的重要性，結果呢？反而讓金融仲介更加蓬勃，每年創造出一百億至兩百二十億美元的大餅——看你相信哪個單位的估計。對高盛這樣的金融仲介業者而言，這當然是個大好消息。

但壞消息是：這塊新大餅，高盛只吃到一小口。二〇〇八年底，他們告訴底下的高頻交易員，那一年公司大約賺進三億美元；可是同一年間，避險基金「城堡投資」旗下的高頻交易部門，就賺走了十二億美元。

高頻交易業者向來很低調，但「城堡投資」與俄羅斯籍的前員工米沙・馬立雪夫（Misha Malyshev）的官司，卻意外讓外界發現原來這一行如此好賺：光是二〇〇八那年，馬立雪夫就賺走了七千五百萬美元的「現金」。當時還有傳聞（後來被證實都是真的），有兩位離開「騎士投資」、跳槽到「城堡投資」的員工，年薪都高達兩千萬美元。一位獵人頭業者說：「當時高盛開始嗅出商機，但其實他們仍然什麼都沒嗅到，他們連前十大都排不上。」

高盛之所以沒在這個新市場中賺到大錢，是因為這是場「機器」的戰爭，而高盛的機器太遜了——這也是為什麼他們需要薩吉。

看在薩吉眼中，高盛的系統問題太多了。高盛的核心系統，是十五年前買下「胡爾交易」（Hull Trading，一家最早的電腦交易平台業者）後沿用至今的，其中累積了大量老舊軟體——薩吉估計，整個平台的程式碼恐怕高達六千萬行。

過去，「複雜」向來是高盛的強項。例如他們會設計出複雜無比的次級房貸，把一般人搞得一頭霧水，然後傻乎乎的買單。但市場自動化所帶來的，是另一種高盛所不擅長的複雜。拿高盛在那斯達克的交易來說，就是個典型的例子。回到二〇〇七年，對街上最靠近那斯達克的那棟樓，其實就是高盛名下所有（只是沒有掛上高盛招牌）；而高盛的暗池，就是設在該棟大樓中。薩吉剛到任時，每秒鐘有成千上萬條訊息穿梭在兩棟大樓之間，因此他以為，高盛一定取得很好的競爭優勢——否則幹嘛要買下那斯達克正對面的大樓？

但當他更深入了解後卻發現：當時從高盛傳送訊息到隔一條馬路的那斯達克，要花五毫秒——大約相當於後來（約兩年後）從芝加哥傳送到紐約所需的時間。「理論上，從芝加哥傳送訊息到紐約所需的時間大約是七毫秒，」薩吉說：「如果比這個速度慢，那一定是人為因素造成的。」這些因素包括：線路繞得太遠、電腦硬體不佳，以及軟體太老舊等等。而軟體老舊，正是高盛的問題。

你們搞電腦的，知道得越少越好

薩吉之所以被找去高盛，基本上是為了協助解決三大類的問題，這三類問題分別來自電子交易的三個階段。

首先，是設計一個所謂的股市價量系統（ticker plant），也就是一種能整合十三個交易所交易資料的軟體。在新通過的Reg NMS中，強制券商必須導入所有交易所的資訊，以確保客戶所下的單，都能以市場上的「最佳價格」（NBBO）成交。假設客戶要買進五百股IBM，而BATS裡有人要以一九．九九美元賣出一百股，這時如果高盛不先買下這一百股，而是直接以每股二十美元到紐約證交所替客戶買下，那麼高盛就觸犯了法規。對券商而言，要解決這個問題，最便宜也最簡單的方法，就是直接採用交易所提供的資料匯流服務——簡稱SIP。有些券商就是這麼做的，但有些券商嫌速度太慢，都想要擁有更快的資料匯流軟體——只是通常都為了券商自己使用，而不是為了客戶。

薩吉的工作內容，與高盛的客戶沒半點關係，因為他負責為高盛自己的交易員服務。他上任後所做的第一件事，就是讓高盛的電腦跑得更快。他所用的方法，是讓高盛的系統「去中心化」：他在各個交易所設立迷你型主機，這樣一來，訊號就不必再從交易所，大老遠傳送回高盛的電腦主機。接下來，他做的第二件事是重新寫軟體，讓電腦能跑得更快；第三階段的任務則是寫一套「下單輸入」（order entry）新程式。

薩吉所做的，其實是協助高盛打造一個高頻交易平台，只是薩吉自己沒發現這點而已。例如他加速了高盛的系統，可以用在很多地方——除了讓高盛自己的交易員能更快速地交易之外，也可以讓交易員們利用比客戶還快的速度，搶占先機。譬如說，他們可以先在公開市場上用較低的價格買進「小辣椒餐廳」的股票，然後再回到暗池裡以較高價格賣給蓋茲。

在高盛待得越久，薩吉越能感覺到長官們所理解的，跟他實際知道的事情之間有很大的落差。「我認為他們是刻意如此的，」他說：「你對他們賺錢的手法知道得越少，對他們越有利。」

不過話說回來，就算高盛長官們願意讓他知道，他也未必感興趣。「對我來說，工程上的事情，遠比財務上的事情更好玩。」他說：「金融活動只是看誰賺到錢而已，反正無論怎樣，錢都是被像高盛這樣的公司賺走的，除非你跟他們同一掛，否則是不可能在金融遊戲中討到好處的。」

高盛裡頭的數學專家，絞盡腦汁要透過各種運算法，找出必勝的交易策略，但真的這麼做的交易員，卻注定是輸家。「相信運算法，就是相信未來是可被預測的。」他說。但只要看看二〇〇八年股市崩盤時，高盛內部的狀況就不難發現：原先你以為可被預測的事，其實根本不能。「他們原本以為自己掌控了市場，」薩吉說：「但那只是幻想……金融活動就是賭博，是喜歡賭博的人所玩的遊戲。」而薩吉對賭博沒興趣，他喜歡實實在在地寫程式，所以他一直沒有搞清楚自己的工作與高盛交易員之間的關聯。

薩吉倒是知道，在高頻交易產業這一行，高盛一直沒有吃下穩固的市場。「他們老在擔心一些小型的高頻交易業者。」他說。沒錯，他可以幫高盛老舊的系統跑得更快，但他絕不可能比那些全新的、沒有「六千萬行程式碼」包袱的新系統還快。何況，想要在高盛這樣的體系大規模修改系統，恐怕沒開上一堆會議、搞一長串公文，也是不可能完成的。換言之，高盛得跟那些小型業者打叢林戰，但卻無法比對方更快、更敏捷。其實不只是高盛，每一家華爾街大券商都是如此。這些大券商所擁有的唯一優勢，就是他們掌握了「獵物」——也就是：客戶。

取用得理所當然，卻自私地拒絕共享

在「紐約廣場一號」的四十二樓工作了一段時間後，薩吉認為要有一個好的高頻交易平台，就得一切歸零，建構一套全新的系統，但是被老闆打了回票。「高盛的經營哲學是，如果有馬上賺到錢的機會，他們會二話不說就去做，」他說：「但如果是一件長期的事，他們就不怎麼感興趣了。」無論如何，股市即將會有大改變，而當聽到這場大改變會立即帶來獲利機會，「他們說，快！」薩吉表示：「但這意味著，我們得不斷修補現有的系統，而現有的系統是頭大怪物。」

這正是他接下來兩年在高盛一直在忙的事：修補這頭大怪物。他們在免費的開放程式中找尋可用的工具，雖然這些程式都不是專門為金融市場而寫的，但經過修改後還是可為高盛所用。這也讓他驚訝地發現，高盛與開放程式之間存在著一種單向關係：他們從網路上免費的開放程式中取材，但是當他們完成修改後——就算只是很細微的修改，卻從來不願開放給別人使用。有次他改寫了一套程式，跑去找他的老闆亞當．施樂辛格（Adam Schlesinger）說，能不能把這程式放回開放原始碼讓全世界使用，結果被老闆拒絕。「他說，這套程式現在是高盛的資產了。」薩吉還記得。

開放原始碼的基本精神，就是希望能合作與共享，薩吉就是長期共享者之一。他搞不懂，為什麼高盛會用得這麼理所當然，卻又如此自私地拒絕共享。「這智慧財產權不是你創造出來的，」他說：「你創造的是可以完成某件任務的程式。」但從那一次起，施樂辛格明確要他把所有高盛伺服器裡的一切——即便是剛剛才從開放平台下載的免費軟體——都視為高盛的資產。

話說回來，其實薩吉還滿喜歡施樂辛格這個人，以及大部分他在高盛的同事；他只是不喜歡高盛為大家所營造的工作環境。「大家辛勤工作，都是為了年終能領到的獎金。」他說：「如果獎金夠可觀，你就會很滿意；如果太少，你就會不爽。那家公司裡，大家把錢看得很重。」然而對薩吉來說，明明利潤是大家共同努力下的成果，結果獎金卻會因人而異，這實在太沒道理了。「這讓大家都會爭功，標榜自己在團隊中的貢獻有多大，畢竟領獎金的不是團隊，而是個人。」他說。

而且，他也覺得高盛所營造的企業文化，無法鼓勵好的程式設計者。「基本上，在這家公司，人與人之間的聯繫是非常淡的。」他說：「在我們電信業，很重視整合的力量，大家會在一起討論、交換心得，但是高盛的情況完全不同，通常他們會這樣看事情：某個地方出問題了，這個問題正在害我們賠錢，你們趕快解決問題。」

在高盛負責寫程式的人，各自坐在自己的位子上，彼此連話都很少講。「就算他們有話要講，也不會直接在走道上聊，」薩吉說：「他們會跑到很遠的空辦公室裡，把門關起來。在電信業或學術界，我從來沒見過這樣的情況。」

來吧，我們給你百萬年薪

金融危機來襲時，薩吉並不知道，原來他早已名聲遠播：外界都說他是高盛最厲害的程式高手。「整個華爾街能和薩吉有拚的，頂多十幾二十位。」一位熟悉高頻交易業的獵人頭業者說：「他就算不是第一名的高手，也絕對是最高竿的那幾位之一。」

但高盛也是那種對程式設計師很有一套的公司——長期以來，設法不讓他們知道自己對公司的重要性。寫程式的人，畢竟跟操盤的交易員很不一樣。交易員比較進入狀況，非常清楚自己的身價值多少，知道自己的表現應該賺到多少錢才合理，也很會誇大自己的重要性。

但薩吉不是這種人，很多事情他壓根不關心，他只在意自己份內的工作。「我想他完全不知道自己的身價有多高。」這位獵人頭的業者說。

這就難怪一堆人不斷找上薩吉，都想讓他知道自己的身價遠高於高盛給他的薪水。才剛到高盛沒幾個月，獵人頭公司幾乎每兩個禮拜就打給他；一年後，瑞銀（UBS）來挖角，承諾要給他四十萬年薪。但對於從一家券商跳槽到另一家券商，薩吉的意願不高，因此當高盛願意比照瑞銀的薪水時，他決定留下來。到了二〇〇九年，又有人來挖角，但這次要給他截然不同的任務：為一家全新的、由一個名叫米沙．馬立雪夫的人所負責的避險基金，規畫一個新的交易平台。

這倒是引起了他的興趣，再加上馬立雪夫給他的年薪超過一百萬美元，甚至說可以將新辦公室設在薩吉位於紐澤西的住家附近。於是，他決定接受挖角，並向高盛辭職。「我遞出辭呈那天，」他說：「同事們都來恭喜我。」其中有人還暗示他，很希望能加入他的新公司。高盛的長官問他，要怎樣才願意留下來。「他們要我開出個薪水金額，」薩吉說：「但我告訴他們，這跟錢無關，而是能夠有機會從零開始，規畫一套全新的系統。」而且他很懷念電信業的工作環境，「在IDT工作時，我可以清楚看見自己的工作成果，但是在這裡，系統複雜得像頭怪物，我們每天都忙著這裡修那裡補，公司也沒給我們願景。我猜想，其實高盛裡頭根本沒有人搞清楚整套系統，也沒有人敢承認這一點。」

最後他同意多待六個禮拜，把手上的工作交接好。離職前那一個月，他有四次把自己手上進行中的程式碼 email 給自己。他所 email 的檔案中，包含了很多他過去兩年來修改過的開放程式碼，以及一些非開放、屬於高盛智慧財產的程式。他希望能把兩者之間的分野弄清楚之後，萬一將來有需要，能想起當時自己是怎麼做的。打從加入高盛以來，他都是用這種方式 email 給自己的。「從來也沒人告訴我這樣不行。」他說。

他打開瀏覽器，輸入ＳＶＮ（free subversion repository，網路上可以讓人們傳輸與儲存程式碼的免費平台），然後視窗上跳出一連串可以讓他免費又方便儲存程式碼的地方。他點擊了其中排在第一行的連結——為了上傳程式碼，前後大約花了他八秒鐘。接著，他做了一件打從當程式設計師以來都會做的一件事：殺掉瀏覽紀錄——也就是把所有他剛剛輸入高盛電腦鍵盤的指令 deleted 掉。因為如果他不這麼做，下一位使用電腦的人，就會取得他先前登入的密碼。

這麼做，不能說完全沒問題。「其實我知道他們會不高興我這麼做，」他說，因為他知道對高盛而言，伺服器裡的一切都是公司的財產——就算裡頭有些程式是薩吉取自開放程式碼。當被問到這麼做時心裡在想什麼，他說：「就像超速，開車時超速。」

一覺醒來，ＦＢＩ等在前方……

從芝加哥起飛的班機上，他大半時間都在睡覺。飛機降落後，三位穿著深色西裝的男人站在機門前方，向他秀出證件，說明他們是ＦＢＩ的探員，然後將他銬上手銬，搜索他的口袋，拿走他的背包，要他保持冷靜，接著將他隔離起來。最後這個動作，是有原因的：薩吉雖然有六呎高，但體重只有約一百四十磅，照理說想要將他與人群隔開，只需把他帶到牆邊即可。但薩吉拒絕接受ＦＢＩ的盤查，而且非常憤怒。到底他犯了什麼罪？穿著深色西裝的這幾個人當場都不肯說。薩吉只好自己用猜的，他首先想的，是對方抓錯人了，誤把他當成另一位跟他同名同姓的嫌犯。接下來他猜想，會不會是因為馬立雪夫——他的新老闆？城堡投資公司正在控告馬立雪夫，他會不會幹了什麼違法的事牽連了自己？

結果：都不是。一直到所有乘客全都下機了，ＦＢＩ探員才把他帶往紐華克機場

（Newark Airport），並告訴他犯了什麼罪：偷竊高盛電腦程式碼。

負責這起案子的探員麥可．麥史溫（Michael McSwain），是個菜鳥。但有意思的是，他在加入FBI之前，在芝加哥商品交易所當了十二年的外匯交易員。他與很多同行，都因為薩吉與薩吉同行的出現，而丟了飯碗。更精確地說：是薩吉所負責的電腦交易，如今已經取代了傳統的人工交易。薩吉在華爾街嶄露頭角的那一年，正是麥史溫丟了工作的那年。

麥史溫把薩吉押上一台黑色轎車，開往曼哈頓的FBI大樓，接著把他帶進一個小小的偵訊室，銬在牆邊的一根把手上，然後才宣讀他的權利。

麥史溫告訴薩吉：他們已經知道薩吉在二〇〇九年四月，答應跳槽到一家叫泰莎科技（Teza Technologies）的高頻交易公司，但仍然留在高盛六個禮拜。從四月初一直到六月五號正式離職那天，他總共透過SVN，從高盛的電腦傳了三十二mega（megabytes，百萬位元）的程式碼給自己。麥史溫顯然認為，薩吉是刻意透過主機設在德國的SVN，刻意挑選一個高盛沒有禁止使用的網站（儘管後來薩吉解釋，除了色情與社群網站之外，高盛從來沒有禁止程式設計者使用哪些網站）。最後，FBI要薩吉承認，他把所有瀏覽紀錄都清除掉了。薩吉試著解釋刪除瀏覽紀錄的原因，但麥史溫顯然不採信。「他的行徑太惡劣了。」這位探員後來在作證時說。

高盛的人說的事太複雜，FBI探員也沒全聽懂

麥史溫所說的，大體與事實相差不遠。但在薩吉看來，可是差了十萬八千里。「我覺得太、太、太離譜了，」他說：「他顯然對於高頻交易與程式碼，完全不了解。」舉例來說，SVN主機到底設在哪裡，其實連薩吉都不知道，那只是個業界習慣上傳與儲存程式碼的地方。

當時的薩吉其實不知道，高盛是在幾天前發現了他曾下載了一些程式——正好是屬於高盛高頻交易平台所使用的軟體。於是向FBI報案，把一切關於高頻交易與電腦程式的細節告訴麥史溫。而麥史溫後來承認，到底薩吉拿走的是什麼樣的程式碼、又為什麼要拿走，他並沒有先去徵詢其他專家的意見，「我仰賴的是高盛員工的證詞。」他說。他不知道被薩吉取走的程式碼有多值錢（「高盛的人只跟我說那值很多錢」），也不知道這些程式碼有多重要（「高盛的人告訴我，裡頭有他們的商業機密」）。麥史溫說，他們在薩吉的個人電腦以

及隨身碟中，都找到高盛的檔案。但是他沒發現：這些檔案從來沒被打開過。假如真的那麼重要，薩吉取得之後，怎會連打開確認一下都沒有呢？

在逮捕薩吉之前，ＦＢＩ的調查主要都是聽高盛的人說一些很複雜的事情，麥史溫承認，其實他也沒全部聽懂——但他相信高盛的人是真的懂。高盛向ＦＢＩ報案後四十八小時，麥史溫就逮捕了薩吉。

被捕的那天晚上，薩吉放棄他打電話找律師的權利。他只打了通電話給太太，把狀況告訴她，並且說會有一群ＦＢＩ的人到家裡查扣電腦，要她讓他們進去——雖然他們沒有搜索票。然後，他坐下來，冷靜地向這位ＦＢＩ探員解釋一切。

「他根本不知道什麼東西被拿走，又如何確定這是起竊案呢？」薩吉記得自己當時這麼想。薩吉只不過做了個無關緊要的小動作，卻得面臨如此天大的罪名：觸犯《商業間諜法》與《國家贓物法》（National Stolen Property Act）。儘管如此，他相信一旦對方搞懂了什麼是高頻交易、電腦扮演什麼角色之後，就會撤銷這件案子，並向他道歉。「我之所以要向他解釋，是要讓他明白這件事根本沒什麼。」薩吉說：「但是他對於我所說的話，完全沒聽進去，只是反覆告訴我：你就全招了，我會向法官求情，你會判得輕一點。很明顯，他們打從一開始就有了偏見。」

弔詭的是，ＦＢＩ之所以無法取得薩吉的供詞，不是因為薩吉有所隱瞞，而是因為ＦＢＩ自己沒聽懂薩吉的話。「在他們的書面資料上，有一堆非常明顯的錯誤，例如電腦的專有名詞之類的。」薩吉說：「我告訴他們，這裡錯了。」他耐心地把自己做過的一切，全告訴了對方。從七月四日清晨一點四十三分開始，花了五個小時，接著麥史溫寫了一行字給檢察官：「他終於簽名認罪了！」

兩分鐘後，他把薩吉關到「大都會看守所」（Metropolitan Detention Center）。檢察官喬瑟夫．法其龐帝（Joseph Facciponti）認為，薩吉不應被保釋，因為來自俄羅斯的這位電腦專家所持有的程式，將可被用來「不公平的操控市場」。而薩吉所簽署的那份認罪「自白」，稍後也由檢察官呈給法官，證明這位竊賊有多麼謹慎、狡猾。「根本不是那樣，」薩吉說：「那份文件，是由完全外行的人修飾過的。」

而那份自白，是至今外界最後一次聽到他談起這件事。事後，他拒絕對媒體說明，也拒絕出庭作證。他說話會停頓，有種奇怪的腔調，留著鬍子，長得就像西班牙畫家葛雷柯（El Greco）筆下的人物。假如有一群人排排站供指認，他一定會被認為是最像俄羅斯間諜的那一個。在專業的會議上談技術，他游刃有餘；但在美國的民意論壇上，他並不是為自己辯護的理想人選。因此，聽從律師的建議，他選擇沉默——即便是在他被判入獄八年，而且不得假釋之後。

第6章

大對決前夕，沙盤推演

虛情假意的買賣

羅南只是希望父親放心，不必再為他擔心。他並不是真想讓父親知道他的薪水，更不是想在父親面前炫耀自己多有錢。

二〇一一年的耶誕節，他像往年一樣飛回愛爾蘭。現在的他，覺得跟家鄉之間的感情淡了。「我不再屬於這裡，」他說：「在我小時候，大家都瘦巴巴的，但是現在，到處是胖嘟嘟的小孩，故鄉已經不再讓我懷念了。」唯一讓他掛心的，就只剩下家人。

當他回到位於都柏林近郊的老家，兩位老人家照例會交辦任務給他：修理或重灌電腦。搞定老人家的電腦後，他們會坐下來聊天。「美國的父母都愛管孩子，」羅南說：「但愛爾蘭父母不會，他們只管自己的事。」

羅南在美國到底做什麼，其實他老爸不是很清楚，更不知道為什麼華爾街會看上他兒子。「就算我告訴他我是個交易員，他也會說：你懂個屁交易啊？」羅南說：「但我知道他們都很愛我，那是一種很愛爾蘭式的愛。我只是想讓他們知道，我並沒有亂來，不會做什麼會連累家人的事。」

當時，愛爾蘭經濟已經低迷了三年。羅南很多兒時玩伴仍在失業中，按理說，實在不是換工作的好時機。但就在回愛爾蘭的數天前，小布拉了他與小施和帕克一起開了個會。小布問他們幾個：假如他離開皇家銀行，去成立一個新的交易所，誰願意跟他去？

對羅南而言，有一度不敢相信自己聽到的這個消息：他一輩子夢想踏上華爾街，也終於如願以償，但現在，那位讓他圓夢的人，居然要他拋棄這一切？

然而，他心裡有數。「我覺得自己應該回報小布，畢竟是他給了我機會，而且我也相信他：他不是那種腦袋不清楚的人。」何況，當時的羅南也看見了真實的華爾街，與他原本所想像的很不一樣。

「假如繼續待下去，我大概也會變成那種鬼話連篇的人。」他說。

已經在華爾街坐領高薪，該見好就收嗎？

基本上，大家都挺小布，問題是：挺小布做什麼，當時還不是很清楚。除非先找到有人願意出錢，否則他們不可能先離職。但他們有個共識，就是：願意一起努力，讓美國股市再度成為一個公平的交易市場。而且他們隱約知道，可以怎麼開始：利用索爾，做為這個新交易所的核心骨幹——讓市場上的每一筆下單，都能公平地送達每一個交易所。當然，他們也沒天真到以為光靠索爾，就能改變整個股市，因為那些大券商才不會將自己最值錢的資產——也就是他們客戶下的單——交給別人去執行。而且他們也知道，市場上還有更多不公平的問題，並不是索爾所能解決的。「我自己覺得成功的機率只有一〇％，」羅南說：「但有我們這四個人，我覺得有七成的機率能找出方法。」

走出小布的辦公室，他心想：我需要聽聽老爸的意見。當年，他已經在職業生涯上賭過一次——拋棄一份年薪近五十萬美元的電信業工作，跳到薪水只有先前三分之一的華爾街；現在，好不容易賺回來，皇家銀行剛給了他一筆近一百萬美元的獎金。飛機抵達愛爾蘭機場的那一刻，他心裡想知道的是：辭去一份年收入九十一萬美元的工作，去拿一份每月兩千美元（而且還是來自他掏腰包入股的錢）的薪水，他是不是瘋了？他老爸當然不會知道太多細節。「但我想問他的是：該見好就收嗎？」

不過真跟老爸一起坐下來，羅南發現，除非他讓老爸知道他一年賺多少錢，否則很難讓老爸理解他的處境。「當我告訴他，我去年賺了九十一萬美元，他嚇壞了，」羅南說：「差點從椅子上摔下來。」

經過一段深談，老先生抬頭看著兒子，說：「我在想：目前為止你在生涯上的決定，最後結果都不錯。孩子，再賭一次又何妨？」

二〇一二年一月三號，羅南返回紐約，打開手上的黑莓機，望著一則則的 email 湧入。第一封，就是來自小布，正式宣布他離開皇家銀行。「接下來的十幾封，」羅南回憶：「則幾乎都是：靠，小布辭職了！」

至於加拿大的皇家銀行高層，目前為止則是冷處理小布的辭呈，以及他想帶走幾位重要員工的請求。他們以為只要拖一拖，過一陣子小布就會腦袋清楚些——拜託，哪有華爾街的交易員會笨到拋下兩百萬年薪的工作，去搞高風險的創業，而且還連資金都沒著落？

一邊等著領行李，羅南一邊跟小布通電話。「我只是想問他，現在到底什麼情況？」小布在電話那頭，簡潔明瞭地說：他受夠了這些照說應該很重要的券商裡的重要人物，在聽到他揭發如此重要的弊端之後，居然只會禮貌地點頭。「他們大概都覺得，小布只是講講而已，」羅南說：「但小布彷彿要賭一口氣：哼，我講講而已？然後他決定玩真的了。」掛上電話，羅南心想：既然如此，賭就賭吧！

我真的很想問他：你幹嘛要當羅賓漢？

每天早上六點半，小布就上班了。那年聖誕節假期結束後的第一個早晨，他去找了頂頭上司，告訴對方他的決定。然後回到位子上，寫信給羅南、帕克與小施，還有另外三位在加拿大的資深同事。五分鐘後，他的電話響起，加拿大總公司打來的，「**你到底在幹嘛？**」電話那頭的資深經理暴怒地說：「**你不可以這樣做！**」

「**我已經這麼做了。**」小布說。

他兩手空空地離開了皇家銀行——沒帶走文件，沒帶走程式碼，當然也沒帶走半個人，甚至連接下來要怎麼開始創業，他也沒什麼明確想法。當看到新聞說，高盛的高頻交易軟體工程師因為將程式碼 email 給自己存檔而坐牢，小布跟同業們一樣吃驚。高盛的強勢姿態，更讓他確信：華爾街的大券商正在保護自己暗池裡的交易，他們想殺雞儆猴，恫嚇資訊技術部門的人不要亂來，並且利用司法體系，防止技術人才離職。「我跟帕克說，這可不是鬧著玩的。」小布說：「我自己倒是沒關係，反正沒什麼我想帶走的東西。」

他們從零開始，連索爾也沒有——索爾是皇家銀行的資產。他們唯一最重要的優勢，是投資者的信賴。長年被華爾街業者洗腦的投資者，很少信任別人；華爾街的人靠著扯謊、操弄、搞神祕，賺了太多錢，以至於市場上大家對任何事情都將信將疑。但小布有種特質，就是會讓投資者降低心防、信賴他。這樣的特質，也讓一群手上掌握三分之一美股交易量的大型共同基金與避險基金業者，在小布遞出辭呈後，跑去向皇家銀行高層施壓，要他們放手讓小布走，好讓他能去重建一個更可被信賴的市場。

儘管如此，儘管他已經放棄了數以百萬美元的收入，還是有人懷疑他的動機。他現在需要約一千萬美元，聘人來規畫新的交易所、寫一套新的交易軟體，希望這些大投資機構願意出錢，但是他所召開的募資會議上，十次有八次對方都會問：你幹嘛要做這件事？股市讓你賺了這麼多錢，你繼續待下去還會賺更多，你幹嘛要改變它？一位股東說：「我當時真的很想問他：你幹嘛要當羅賓漢？」

針對這些疑問，小布的第一個答案、也是他告訴自己的話：美國股市變得很不公平，非常需要被改革，如果他不採取行動，不會有人會行動。「剛開始，每當有人這樣問，我聽了真的很不舒服。」他說，他不是要裝清高，而是真的不認為賺一大筆錢有那麼重要。

但後來他發現，很弔詭的是，當他告訴投資者，這個新交易所將來如果成功，他將會因此賺很多錢時，那些人反而會很正面地回應他。於是在募資時，他開始強調這個計畫能讓他賺多少錢。「我也想要賺大錢，**但我要賺的是長期的大錢**。」他說：「這招非常有效，遠比我原先的說法好得多。」

口口聲聲說挺你，結果卻袖手旁觀

接下來六個月，小布不斷在紐約試著讓更多金主相信，他很想（但其實他心裡根本沒這樣想）賺大錢。但奇怪的事發生了：那些照理說應該投資他的人，都不肯拿錢出來；而那些願意投資的錢，他又不能拿。例如華爾街的大型券商，都想要來分一杯羹，可是小布如果拿了他們的錢，這家新交易所也將喪失了獨立性與公信力。

還有他在加拿大的家人與朋友，也都願意投資他，但這又是另一個問題。就在他送出email，說自己打算離職創業的兩個小時後，這些親友就已經集資了一百五十萬美元。其中有些人本來就很有錢，但大部分親友其實手頭並不寬裕，頂多就只有幾千美元的存款。小布告訴他們，想要投資，得先把他們的銀行對帳單傳給他看，證明自己賠得起才行。

「你哥做事從來沒失敗過。」一位老友寫信給小布的弟弟克瑞（Craig），要小布一定得收下他的錢。

小布要的，是那些大投資機構的錢——也就是那些鼓勵他離開皇家銀行，另創交易所的共同基金、避險基金、退休基金業者。但是他們都用各種各樣的藉口推託，例如：他們通常不投資新創公司、投資部門的人反對等等。他們都希望小布成立新交易所，都希望能因為這家新交易所而享受到好處，但都想讓別人出錢就好。其中，有些藉口不能說不對——例如那些退休基金，的確不該拿錢投資新創公司，但整體而言，還是滿令小布挫折的。「這感覺就像有人口口聲聲說會挺你，但實際上卻袖手旁觀。」羅南說。

但也不是每一家都如此。例如大型共同基金「資本集團」（Capital Group）就承諾會投資——只是有個但書：不單獨投資，而是要與別的股東組成投資團隊；另外一家布蘭德斯投資合夥公司（Brandes Investment Partners），也提出同樣的要求。但也有好幾家投資機構對於小布的計畫提出質疑：將來要如何運作？像索爾這樣的軟體很棒沒錯，但小布要如何確保那些禿鷹不會設法破解？他憑什麼相信，華爾街的大券商都會願意跟他做生意？就因為他比別的交易所「公平」？這些券商的業務員每天都在向投資機構兜售自家的路由器，難道會拿石頭砸自己的腳，告訴客戶說：「我們收了高頻交易業者的錢，所以出賣了你；不過我們不會再出賣你了，我們會把你的單子轉給小布的新交易所？」

但話說回來，也還好這些機構不肯給他資金，才逼得他更了解這門新事業的真正本質。

為什麼投資者不團結起來？

二〇一二年八月，他與避險基金「綠燈資本」（Greenlight Capital）的負責人大衛・安霍恩（David Einhorn）碰面。聽完小布的簡報後，安霍恩問了一個很簡單的問題：**投資者為什麼不選擇同一個交易所？**為什麼投資者不團結起來，支持一個可被信賴、能保護投資者免於被禿鷹揩油的交易所？

從來沒有投資者一起跳出來主張，要求大型券商得把所有下單傳送到同一個交易所。這是因為：我們沒有足夠的理由，偏袒任何一家交易所。現在能交易股票的五十幾個地方，全都是金融仲介業者為自己量身打造的。

「好糗，我先前怎麼沒想到這一點。」小布說：「這才是我們應該喊出的目標：打造一個投資者願意前來交易的市場。」也就是，重點不在於保護投資者而已，而是要讓別的交易所關門大吉！

到了年底，他已經從九家大型投資機構那裡，募到了九百四十萬美元；再六個月後，他又從另外四位新股東募得一千五百萬美元。二〇一三年一月一日，小布把自己的儲蓄也丟了進來。

與此同時，他也開始物色人才：軟體開發人員、硬體工程師、網路工程師、管理人員、業務員等等。而找人，一點困難也沒有。正好相反，令人意外的是有很多皇家銀行的老同事想加入他的新團隊，其中有很多人完全不介意新工作的內容。倒是小布得反過來，設法說服對方還是留在大銀行、領高薪比較好，不要輕易加入他這樣朝不保夕的新創團隊。

儘管如此，還是很多人願意跟隨他。例如皇家銀行的艾倫．張（Allen Zhang）、比利．趙（Billy Zhao）等。但小布現在最需要的，是他完全陌生的人，那些知道他所不知道的事情的人——尤其是對於高頻交易與交易所有更深理解的人。

一聲巨響，外面開始飄下一張張的文件……

他找的第一個人，就是童．波勒曼（Don Bollerman，以下稱童大）。認識童大的人都知道，他是那種會盡可能避免人生出現「突如其來」改變的人。他在布朗克斯區（Bronx）長大，從小就學會了不顯露自己的情緒。抽菸前，他會先把濾嘴摘掉；以他的身高來說，體重至少超重了一百磅以上，而且從來不運動。「反正我也不會太長命，」他說：「我不喜歡倚賴別人過活。」

而他所謂的「避免人生出現突如其來的改變」，並不是說，他的人生真的完全沒任何改變，而是他懂得控制自己的感覺，不讓自己因為「突如其來」的改變而措手不及。九一一事件發生當天，他就在百老匯大道一〇〇號十二樓一家新開張的電子交易所上班，距離世貿中心只有約五百碼。他早上七點鐘就到公司，股市正要開盤，他突然聽到一聲巨響，還以為聲音來自樓上。「我還以為是哪個傢伙在搬動器材，」他說：「五分鐘後，外面開始飄下一張張的文件。」

他與同事們跑到窗邊，並且聽到辦公室裡的電視傳來飛機撞大樓的消息。「我當場就知道是恐怖攻擊。」他說，也因此對於接下來所發生的一切，他並不像同事們一樣驚恐。從他們辦公室，可以清楚看到世貿雙塔，當第二架飛機撞上時，「我的臉能感覺到一股熱氣從窗戶那頭傳來，就像你打開烤箱，一股熱氣襲來的那種感覺。」他說。同事們開始討論，萬一世貿倒下，會不會壓到他們所在的大樓，就在這時，第一棟大樓應聲倒塌，「大家全衝向樓梯。」大夥兒往下走到六樓時，已經伸手不見五指。到了大樓外面，他朝東逃去，獨自一人走上第三大道，然後過橋跨越哈林河，回到他在布朗克斯區的公寓裡——總共走了十六英里路。那一天讓他最難忘的，是他進到哈林區時，有幾個女人等在她們的屋子外頭捧著果汁給他喝。「我有被感動到，」他說：「其實那一刻，害我覺得自己有點娘。」

那場恐怖攻擊，造成他所工作的交易所關門大吉——雖然他覺得就算沒有那起事件，交易所很可能也撐不下去。於是，他回到紐約大學，把大學念完，然後到那斯達克上班。

七年來，他的工作主要是處理一切與股票交易有關的事情。在羅南與小施眼中，童大是他們所見過的所有人當中，對電子交易所內部運作狀況知道得最透徹的人。他不但知道哪裡出了問題，也知道怎麼解決問題。

在大荒漠上，禿鷹算壞蛋嗎？

在童大看來，美股的問題不值得大驚小怪，也沒有外界想像中複雜，而是跟人性與誘因有關。高頻交易的出現，為新創立的證交所，例如BATS、Direct Edge等帶來商機。光是滿足高頻交易業者的需要，這些新交易所就成功瓜分了老交易所的大半江山。紐約證交所的情況如何，童大不敢講，但他倒是親眼目睹了那斯達克如何迎合高頻交易業者的需索，並且懂得如何向高頻交易業者索價。

那斯達克在二〇〇五年——也就是童大加入之後的隔年——公開掛牌之後，現在得對市場有交代，得有短期的營業目標，因此也有了必須調整策略的壓力。「當這些公司都只關心下一季的財報表現，是很難去思考長期的。」他說：「過去，公司關心的是：這樣做，對市場好嗎？現在，他們比較常問的是：這樣做，對市場沒什麼不好吧？然後開始討論要怎樣過證管會這一關。」二〇一一年底，童大離職時，那斯達克的營收當中，有三分之二都是來自高頻交易業者。

目睹這一切，童大似乎不怎麼意外——也或許只是他隱藏得很好。在他看來，華爾街本來就是個弱肉強食的世界，沒有什麼是不可能發生的。高頻交易業者偷偷占投資者便宜，交易所與券商們拿高頻交易業者的錢助紂為虐，他都看在眼裡。但是他選擇不自以為是地道德批判這個現象，「在大荒漠上，禿鷹是壞蛋嗎？」他說：「當有屍體出現，能怪禿鷹去啃食嗎？」照童大的想法，人性是不會變的，你能做的，是改變環境。

童大這樣的人，正是小布所需要的生力軍。「那些老愛想東想西的人一點也不實際，」小布說：「我需要的，是能打仗的人。」而童大，是個戰將。

創設一家交易所，有點像……開一家賭場

即將成立的交易所，需要取個名字。他們稱它為 Investors Exchange——意思是「投資者

的交易所」，英文縮寫就成了ＩＥＸ。他們的目的，不是真要讓市場上的禿鷹絕跡，而是要消除不公平的現象。要達到這個目的，他們得先搞清楚，金融市場是如何偏袒禿鷹、如何蔑視投資者。

這時，破謎高手（Puzzle Masters）也適時加入了小布的團隊。

回到二〇〇八年，當小布開始發現市場怪怪後，開始到處請教電腦高手，於是去找了帕克等幾位專家。其中一位，是還在史丹福大學念書、當年才二十歲的丹・艾森（Dan Aisen）。小布是從皇家銀行所收到的求職函中發現他的，讓小布眼睛一亮的，是履歷表上的一行字：贏得「微軟大學破解謎題挑戰賽」。微軟每一年都會贊助一場為時一整天（約十小時）的比賽，吸引數以千計年輕的數學與電腦高手參加。艾森與另外三位朋友在二〇〇七年，與另外一百多組選手鏖戰後，贏得最後比賽。

小布給艾森一份工作，也給他取了個綽號叫「破謎高手」，後來皇家銀行的交易員們乾脆叫他「阿破」（Puz）。這位阿破，也是協助索爾誕生的功臣之一。

阿破解題的能力，現在越來越重要。創設一家交易所，有點像開一家賭場：賭場必須確保不會被賭客占便宜。小布必須先知道，假如有人想占交易所便宜，會用什麼樣的方法，這樣他才能防患於未然——就像賭場會有監視器，防止二十一點玩家偷偷算牌一樣。「你得設計一套系統，」阿破說：「一套不會被人操控的系統。」

今天，股市——無論公開或封閉——的問題就出在：可被操控，而且也的確遭到了操控。那些絕頂聰明的交易員眼中的股市，不是什麼為企業籌募資金的地方，而是個可以被破解後、撈取好處的肥肉。

想要設計出一個不會被操控的交易所，最好的方法，就是去找個善於操控交易所的高手，來加入你的團隊。雖然小布不認識這樣的人，阿破倒是有這樣的朋友。他所介紹的第一位，是他在史丹福的隊友法蘭西斯（Francis Chung）。法蘭西斯原本在一家高頻交易公司當交易員，但卻不怎麼喜歡自己的工作，於是小布找了他來面試。

最不必與他人互動的謀生方式，就是跟電腦混……

法蘭西斯來是來了，卻只是坐在那裡。小布所看見的，是一位內向、單純但基本上很難互動的年輕人。

「你為什麼解謎這麼厲害？」小布問。

法蘭西斯想了好一會兒，說：「我不知道自己算不算厲害。」

「啊你不是才剛贏得全國冠軍？」

法蘭西斯又想了老久。「是啊，算是吧。」他說。

類似的面試，其實小布很有經驗。這種專家的能力高低，他無從判斷，通常都是交給帕克去決定。他面談的目的，只是想知道對方是什麼樣的人。「我要找的，是那種看起來跟這一行格格不入的人。」小布說：「然後我負責了解他們通常如何與別人共事，我要找的，是願意學習、肯吸取新經驗的人。」但遇到法蘭西斯，他還真沒輒。不管拋出什麼問題，法蘭西斯都是有一搭沒一搭。最後情急之下，小布乾脆直截了當地問：「好吧，告訴我：你最想做的是什麼？」法蘭西斯想了想，說：

「我想跳舞。」然後就又不發一語了。

法蘭西斯離開後，小布問阿破：「你確定這傢伙真行？」

「Trust me.」阿破說。

後來，法蘭西斯整整花了六個禮拜，才跟大家混熟。接著，他的話匣子再也關不起來了。最後，整個交易所的電腦程式，全靠他一步一步架構起來。新交易所的運作邏輯，全在他的腦海中。他一心想要打造出一個「不能被操控」的交易所。童大說他根本是個「討厭鬼」，因為每當有人提出什麼點子，他就會毫不客氣地指出對方邏輯上的漏洞。

阿破與法蘭西斯唯一的缺點，就是他們倆都沒待過交易所。於是童大從那斯達克找了個人進來，名叫康斯坦丁．索科洛夫（Constantine Sokoloff），負責新交易所的撮合引擎。「兩位破謎高手需要引導，而索科洛夫就是扮演引導的角色。」小布說。

索科洛夫也是來自俄羅斯，在伏爾加河邊的一個小鎮出生成長。對於為什麼有那麼多俄羅斯人投身高頻交易，他有個解釋是這樣的：老蘇聯的教育制度基本上讓老百姓遠離人文，投入數學與科學（只是沒想到居然陰錯陽差地，讓自己的人民受到二十一世紀華爾街的歡迎）。而蘇聯政府統治下的經濟，龐大且複雜，問題層出不窮，什麼東西都缺，但又什麼都能取得——只要你有門路。「我們有長達七十年都是這樣過的，」索科洛夫說：「大家都設法適應這樣的生活。」柏林圍牆倒下之後，很多人移民到美國，而這群英語不通的移民者，最好也最不必與他人互動的謀生方式，就是跟電腦混——寫程式。「有些人根本不會電腦，但是來到這裡，卻自稱是電腦工程師。」索科洛夫說。

你知道買一檔股票，有多少種下單方式嗎？一百五十種！

這兩位破謎高手的任務，就是要確保這套新系統沒有任何可能被破解的空間。首先，他們列出現有交易所的特徵，然後逐一分析。顯然，這些交易所都存在著誘發弊端的因子，譬如說回饋金（rebates）就是一例。

每一家美股交易所都有一套複雜的回饋金制度，而這套制度等於是在鼓勵華爾街的大券商背叛自己的客戶，而且也被高頻交易業者拿來當釣餌。而陷阱，就藏在「下單方式」之中。

過去，之所以會出現不同的下單方式，例如以「市價下單」或「限價下單」，是為了讓投資者能對自己所下的單有某種主控權——畢竟，投資者通常無法親臨現場，隨時調整自己的投資決策。這樣的分類方式，既簡單又明瞭，而且很好用。舉例來說，當你想要買一百股的寶僑，市價是八〇～八〇．〇二，假如你是以「市價下單」，那麼你將以八〇．〇二元買進股票。但這種下單方式有一個風險：從你下單到成交之間，股價可能是波動的，例如在前面提到的「快閃崩盤」期間，以市價下單的人可能會以每股十萬美元買進寶僑，也可能以不到一美元賣出。因此，為了幫助投資者掌控風險，才有了「限價下單」——例如「我想在八〇・〇三美元以下的價格，買進一百股」。不過，限價下單的缺點，在於可能讓你錯失更好的價格機會。

但是今天伴隨著高頻交易而來的下單方式，多了許多花樣。二〇一二年夏天，兩位破謎高手與小布、羅南、帕克、童大、小施開會時整理出來發現，當時美股的下單方式，居然已經高達約一百五十種。到底，為什麼會出現這麼多種下單方式？每一種下單方式究竟有什麼好處？可以如何運用？

紐約證交所曾經推出一種下單方式，使用這種方式的交易員，只能在對方的下單股數比自己低時，才能完成交易。推出這種方式的目的，似乎是要防止那些高頻交易業者，從即將大量「倒貨」（賣出大量股票，可能會造成股價大跌）的投資者那裡買進小量股票。另外，Direct Edge 也曾經推出一種更迂迴的下單方式：允許高頻交易業者在即將成交的那一刻，臨時撤單——只要不高於原本下單數量的五〇%。

幾乎所有交易所都允許一種叫做 Post-Only 的下單方式。假設你以 Post-Only 下單，要以每股八十美元買進一百股寶僑，意思其實就是：「只有在我可以賺到交易所給我的回饋金的情況下，我才願意以每股八十美元買進一百股寶僑。」

如果你覺得這樣還不夠詭異，那麼我告訴你，其實「Post-Only」後來還出現了幾種「衍生」出來的下單型態，例如「Hide Not Slide」就是一例。當一個高頻交易員（還會有誰呢？）以這種方式下單，意思就是：我要以八十元買一百股寶僑，但是請把我的單子隱藏（hide）起來，而且我不降價（not Slide）。

而這正是這兩位破謎高手的樂趣來源：設法找出背後的原因。交易所呈報給證管會的報告裡，關於每一種下單方式的說明，通常有二十頁左右，但有看跟沒看差不多——看起來像英文，但你卻無法讀通，彷彿刻意不讓人看懂。「我自認算是市場專家了，」小布說：「但我還是得靠這兩位破謎高手，才能搞懂那些說明到底是他媽的什麼意思。」

「Hide Not Slide」式下單，只是其中一個例子。所謂「Hide Not Slide」是這樣運作的：當一個交易員說他願意以高於市價八〇．〇二美元的價格——八〇．〇三美元——買進寶僑，但前提是：他可以從交易所那裡賺到回饋金。換言之，他之所以這樣下單，並不是因為他真的想買這支股票，而是是要預防那些真正想買股票的買家——真正願意拿錢出來投資企業的人——用八〇．〇二美元把所有股票都買走。當一個高頻交易員下了一筆Hide Not Slide的單子，也意味著接下來只要有人想要買賣這檔股票，他都將會排在交易所的第一順位。

換言之，Hide Not Slide 下單方式的出現，讓高頻交易業者可以搶在別的投資者前面，攔截交易。

他們不是真想買你的股票，只是誘你上鉤而已啦……

兩位破謎高手花了好幾天時間，研究其他的下單方式。結果發現，這些新冒出來的下單方式都有一個共同點，就是：犧牲投資者的權益，讓高頻交易業者能搶到先機。「我們不斷問自己：假如你真心想買賣股票，幹嘛需要這種下單方式？」小布說：「大部分新發明出來的下單方式，都不是為了順利交易股票而誕生的，相反的，是為了讓股票無法順利交易而發明。」

高頻交易業者都希望，能以最低的代價、最小的風險，取得市場上的資訊，了解投資者的動向。這也就是為什麼，雖然他們的成交量約占美股交易量的一半左右，但是在下單數量上卻占了高達九九％——因為他們所下的單子，都只是要引出投資者動向的釣餌而已。

剛開始，兩位破謎高手其實也沒發現這一點。但是後來他們開始設計交易所的程式，希望讓投資者免於高頻交易業者的窺伺，而從中漸漸理解了高頻交易業者的各種手法。大體上，造成大量不公平交易問題的手法，主要可分為三大類。

首先，是所謂的「插隊交易」，也就是：先得知某位投資者想要買賣哪支股票，然後跑在他前面去搶下股票，再回頭與這位投資者交易——這正是小布在皇家銀行所遇到的情形。

第二類，他們稱之為「回饋金套利」，也就是利用交易所各種複雜的收費機制，賺取回饋金。

第三類，也是目前為止最常見的，他們稱之為「慢市套利」（slow market arbitrage），意思是指一個高頻交易員先看到某個交易所的股價出現了變化，然後搶先一步到別的交易所，把別人的下單吃下來。舉例來說，寶僑目前的股價是八〇～八〇．〇一美元，突然有位大戶跑到紐約證交所賣股票，一口氣把價格拉低到七九．九八～七九．九九美元；這時，高頻交易員就會趕緊在紐約證交所用七九．九九美元把股票吃下來，然後再到別的交易所用八十美元賣掉。這些手法一整天、每一天都在發生，為業者帶來一年數十億美元的進帳。

總是有人消息比較靈通，要消滅這種階級是絕對不可能的

這三大類手法所仰賴的，都是速度——這正是兩位破謎高手在破解下單方式之後，要著手解決的問題。他們的目標，是要打造一個安全的交易平台，讓投資者的每一塊錢，都能享有一樣的賺錢機會。

問題是，在美國股市，總是有小部分的人享有速度優勢，那要怎麼辦到呢？他們當然不可能禁止高頻業者交易——畢竟他們要打造的，是一個「人人機會均等」的交易所，更何況真正的問題，不是出在市場上有高頻交易業者的存在，而是這些業者的手法太惡劣。

因此他們要消滅的，並不是「高頻交易業者」，而是「高頻交易業者所擁有的不公平優勢」。正如帕克所說：「當你比別人早一步掌握某個消息，你就成了某種『特殊階級』，要在市場上消滅這種階級是絕對不可能的，因為總是會有人的消息比較靈通，有些人的消息比較落後，這是無法避免的。可以避免的，是不讓這些人利用消息獲利。」

很明顯，這可以從一件事（這件事，幾乎每個交易所都在上演）開始著手：禁止高頻交易業者把主機設在交易所裡，然後比別人早一步取得市場訊息。這麼做，當然有幫助，但還

是無法徹底解決問題——因為高頻交易業者總是用更先進的通訊設備，比其他投資者更快取得訊息，並採取行動。

因此，小布這家新成立的交易所，得具備自己執行交易的能力；而當客戶下的單子無法在這裡成功交易，那麼就得將客戶的單子轉到其他交易所撮合。兩位破謎高手要吸引的，是數量較大的單子、規模夠大的交易，這樣一來，手中有很多股票要賣的投資者，與想買進大量股票的客戶，能在這裡相遇，免於受到高頻交易業者的掠奪。假如有家退休基金公司想買一百萬股的寶僑股票，但在ＩＥＸ卻只能買到十萬股，就會引來高頻交易業者介入，這時——破謎高手希望做到的是——ＩＥＸ就得設法搶在高頻交易業者前面。

他們廣開大門歡迎各種能克服這個速度挑戰的方法。「常有大學教授來我們這裡提供建議。」小布說。例如有位教授主張，可以採用「隨機延遲法」（randomized delay），意思是：單子在傳送到市場之前，都會被（隨機選取）延遲一點再送出。這樣一來，高頻交易業者所下的一百股「誘餌單」，將會變得無用武之地。下單速度的快慢，這下就像買樂透一樣，得由機率來決定。

不過，兩位破謎高手第一時間就看出這個建議不可行。因為，只要是不太笨的高頻交易業者，都會想辦法提高中樂透的機率，而這個辦法就是：大量下單。「他們會用大量下單淹死你。」法蘭西斯說。

「紐約」證交所，為什麼設在鳥不拉屎的小鎮上？

倒是小布率先想到一個點子：**既然他們都擠破頭，想要越靠近交易所越好，那我們來把他們推得越遠越好，如何？我們把交易所設在一個很遠很遠的地方，方圓一段距離之內，也不要有任何投資業者的存在。**

問題是：他們得顧慮主管機關能容忍的範圍，並不是你想把交易所設在哪，就可以設在哪的。小布一直有在留意主管機關過去核准過的地點，也特別研究了紐約證交所如何成功讓證管會同意，讓他們進行一個怪計畫，地點就在瑪化鎮（Mahwah）——紐約證交所跑到這個鳥不拉屎的偏僻小鎮上，打造了一個四十萬平方呎的機房，然後希望租給高頻交易業者使用。但萬萬沒想到，當紐約證交所這個消息一曝光，高頻交易業者紛紛跑到這個小鎮來，把機房附近的土地全買光，這一來，他們就能既靠近紐約證交所，卻又不必花半毛錢租用機房。後來紐約證交所不知道用了什麼方法，讓證管會允許他們訂下一個內規：沒有（花大錢）租用機房的券商與高頻交易業者，在交易時全都只能連結到紐約證交所的另外兩個地點：紐澤西的紐華克或曼哈頓。對高頻交易業者而言，這一來速度就太慢了，於是只好乖乖掏腰包買單。

小布心想：**可不可以也學紐約證交所，把交易所設在鳥不拉屎的地方，但不開放給高頻交易業者租用？**「這有前例可循，證管會已經讓紐約證交所這麼做了。」小布說。

這個做法的重點，在於與所有市場上的玩家保持一定的距離，這樣一來就能消除大部分——不是全部——速度領先的優勢。小布的撮合引擎已經確定是在紐澤西的威哈根市，接下來的問題是：要把交易所設在哪？「到內布拉斯加去吧。」有人說，但大家心裡有數，那裡太遠了，華爾街的人不會大費周章地派人到那裡去。

只是話說回來，其實也沒必要真的派人去。小布所需要的延遲時間，只要足以讓IEX能跑得比高頻交易業者快，不讓業者們插隊就行了。不過，這個延遲時間也不能太長，因為每一次市場價格出現變化，小布也得能同步掌握才行，以免被別人搶走了先機——也就是避免被所謂的「慢市套利」。

他們算出來，所需要的延遲時間是三二〇微秒。這個時間，是指從他們的電腦，傳送訊息到距離最遠（因此所需時間也最久）的交易所（也就是設在瑪化鎮的紐約證交所）所需要的時間。為了保險起見，他們後來設定為三五〇微秒。

一本初衷，三種下單方式

這家即將成立的交易所，也不讓高頻交易業者有機可乘。以前，小布自己在當交易員時，就常被插隊——因為他下的單子總是先抵達BATS，然後等在那裡的高頻交易業者得知他的下單內容後，就跑到其他交易所把他要的股票先吃下來。現在，透過羅南所挑選的光纖網路，所有從IEX傳送出來的下單，都會同時抵達每一個交易所（索爾是靠軟體辦到這一點，他則是靠硬體）。

先前提到的蓋茲，之所以會在暗池裡被占了便宜，就是因為暗池裡的速度不夠快，無法及時更新最新的股價。而這種速度不夠快的情形，也成了高頻交易業者下手的機會，合法地在暗池裡占別人便宜。想要避免同樣的情形發生，IEX的速度得非常非常快——遠比其他交易所還要快。換言之，他們光靠延遲客戶下單的速度還不夠，得同時加快自己的速度才行。

為了能有三五〇微秒的延遲，他們得讓新交易所設在距離其他交易員大約三十八英里遠的地方。但這恐怕不容易，因為他們已經在威哈根市談下了一個很好的條件，然後也在紐澤西的賽考克斯市（Secaucus）設了一個網路連接點（point of presence，簡稱ＰＯＰ）。而這兩地之間的距離，只有十英里，而且周圍早就布滿了多家交易所與高頻交易業者。「我們簡直是送羊入虎口。」羅南說。

這時，一位新加入的成員、剛從高頻交易業跳槽來的詹姆斯．凱佩（James Cape），提出了一個很棒的建議：把光纖捲起來——與其用一條直線的光纖連接兩個地點，不如用一條三十八英里長的光纖，然後捲起來塞到機房裡，這樣就能創造出「三十八英里遠」的效果了。而他們也真的這麼做了，所有從ＩＥＸ傳送出來的訊號，都得先繞一圈又一圈，才能抵達別的交易所。

打造一個公平的交易平台，老實說，一點也不難。首先，不要把自己主機附近的位置出租給任何業者，也不讓任何人有優先取得交易資訊的權利。其次，不提供任何回饋金；對任何買方或賣方，都收取同等的費用——每股〇．〇九美分，也就是市場上俗稱的九「mils」。

而且，只允許三種下單方式：市價下單、限價下單與「鎖定中價下單」（mid-point peg），後者的意思是：以介於最新買價與賣價之間的價格下單。舉例來說，假設寶僑的股票報價是八〇～八〇．〇二（也就是你可以用八〇．〇二美元買進，或是以八〇美元賣出），那麼以「鎖定中價下單」就是用八〇．〇一美元交易。

最後，要確保這家新交易所能一本初衷，所有股東都得是一般投資機構才行。之所以要有這樣的設計，是因為希望讓任何人都能公開參與這個市場。譬如說，高頻交易業者照樣可以來這個交易所下單——只是他們原本所擁有的速度優勢會被拿掉。一旦IEX正式開張營業，我們就能知道究竟高頻交易業者對市場帶來哪些貢獻。對兩位破謎高手而言，此刻最關心的，是自己的設計是否還有漏洞？

他們從來不寫email，連電話都不打

目前，各大交易所裡的陷阱，讓一小群人有占別人便宜的機會。但這一小群人其實並不知道，這些陷阱本來就是交易所刻意搞出來的。小布是這樣形容的：「就像你開了一家賭

場，得靠賭客幫你拉更多賭客進來。於是，你先邀請一小群賭客來玩德州撲克，並偷偷告訴這批賭客（而不告訴其他人），莊家的牌裡其實沒有半張J與Q。然後，讓這批（知道自己穩贏不輸的）賭客，為你帶更多客人進來當冤大頭。」

二〇一三年夏天美國的金融市場，正是如此：幾乎每一家大型投資機構都在各大交易所裡，遇上了高頻交易業者。吃虧的，是這些投資機構；嘗甜頭的，則是高頻交易業者、證交所、華爾街券商以及網路券商。這場大規模相遇，也讓一個全新的金融生態應運而生。

關於這個新金融生態，小布聽很多人說過。其中一位是克里斯・奈格（Chris Nagy），他二〇一二年以前的工作，是把券商TD Ameritrade的客戶下單資訊，販賣給業者。每一年，來自銀行與高頻交易業者的人，會飛到TD Ameritrade的總部所在地奧瑪哈市（Omaha）與奈格談合作。「絕大部分都很順利，」奈格說：「通常我們一起去吃牛排晚餐，然後邊吃邊聊：就這樣說定，我們每股付給你兩美分，合作愉快！」雙方的合作條件全是當面談好，因為沒有人願意留下任何書面證據。

「他們從來不寫email，連電話都不打，」奈格說：「而是直接飛過來找我們，付錢的方式也盡量不留下紀錄。」對TD Ameritrade來說，依規定只需要申報公司每股賺多少錢，並不需要提供細目，因此可以輕易地將這筆收入隱藏到財報中的「其他收入」中。「你只知道他們賺了多少錢，但你不知道這筆錢是怎麼賺來的。」

多年下來，奈格注意到幾件事。首先，是 Reg NMS 所創造出來的複雜市場——證交所暴增、高頻交易業者崛起——讓投資者的「下單訊息」變得身價不凡起來。「至少漲了三倍以上。」奈格說。另一個他無法不注意到的是：市場上有一些人，顯然非常渴望取得投資者的「下單訊息」，例如高頻交易業者，就願意為此而每年付出數百萬美元的代價。

在奈格看來，很多業者根本不知道自己手上的資料有多麼值錢。例如另一家比 TD Ameritrade 大得多的業者「嘉信理財」（Charles Schwab），二〇〇五年把客戶的下單訊息賣給瑞銀時，八年合約只收到兩億八千五百萬美元。「嘉信太笨了，少賺了十億美元以上。」奈格說。但話說回來，即便是奈格自己，也無法確定到底這些下單訊息為什麼那麼值錢。想知道答案唯一的方法，就是去弄清楚高頻交易業者透過這些資訊，到底賺了多少錢。「多年來，我不斷打聽到底他們一年能賺多少錢，」他說：「但沒有人願意公開講。」

我們的報價通常落後於市場——整整落後一秒

不過他知道，從高頻交易業者的角度來說，最好賺的，是一般散戶的下單訊息。「哪些人的下單訊息最有價值？」他說：「你的跟我的，因為我們沒有暗池，沒有電腦程式運算，而且我們的報價通常落後於市場——整整落後一秒。」

高頻交易業者都會盡可能地與一般投資者（通常連線速度較慢）交易。他們之所以能得逞，是因為一般投資者根本搞不清楚怎麼回事；即便是那些規模較大的投資機構，也無法控制自己的下單訊息。舉例來說，當富達基金（Fidelity Investments）下了一筆大單到美國銀行，美國銀行就會把這筆單子視為自己的下單，理所當然地把這筆下單訊息當成是自己——而非富達——所有。

那些透過網路券商賣股票的散戶，情況也是如此。一旦你按下「買進」鍵，這筆下單訊息會傳到哪些人手上，就完全不關你的事了；關於你「下單買賣哪檔股票」的訊息，基本上也早已經屬於網路券商所有。

至於在美股掌握了七成交易量的美國九大券商，所扮演的角色其實遠比 TD Ameritrade

複雜得多。這些券商不僅掌握了客戶的下單，以及這些下單訊息的價值，而且也掌握了這些下單可能達成交易的地方：暗池。通常，這些券商會優先把客戶下的單導入自家的暗池，然後才傳送到別的交易所。而在暗池裡，券商們要嘛自己就吃下單子，要嘛把客戶的下單訊息賣給高頻交易業者，無論何者，都意味著客戶所下的單，都讓券商有錢可賺。不僅如此，假如客戶所下的單子無法在暗池裡完成交易，券商就會把這筆單子傳送到其他交易所。哪一家交易所呢？通常，就是給券商最高回饋金的那一家。

如果兩位破謎高手真的辦到了，讓IEX的交易速度人人均等，那麼IEX將使得客戶下單訊息的價值降到零。如果在這個新交易所裡，客戶的下單訊息無用武之處，誰還會願意花錢來取得呢？

把股市傳染病散布到加拿大、香港、新加坡吧……

二〇一三年夏天的一個下午，新交易所正式開張的幾個月前，小布召開了一次會議，找大家討論：如何說服華爾街的大券商。

當時，ＩＥＸ已經募集到更多資金，聘雇了更多員工，也換了一個更大的辦公室——在世貿中心七號十三樓。不過，他們仍然沒有一個可以關起門來開會的地方，於是只好聚集到一個窗邊的角落，從那裡望出去，可以清楚地看見九一一事件的遺址。童大背靠著窗戶，還有羅南、小施與帕克，小布站在白板前方，伸手到盒子裡拿了支派克筆。ＩＥＸ另外二十幾位員工則繼續留在自己的座位上，彷彿什麼都沒發生。

接著，麥特・楚卓（Matt Trudeau）加入了這場會議。麥特是在場所有人當中，唯一有開辦新交易所經驗的人。不過有趣的是，他卻是所有人當中，最不像生意人的一個。他在大學主修美術，後來發現自己沒有當畫家的天分，想改當學者，就轉到人類學系。但他後來也沒當成人類學家，畢業後跑去汽車保險業，負責幫保險公司「喬」各種理賠事宜。有一天吃午飯時，他看到有一台電視正好轉到ＣＮＢＣ財經台，然後突然好奇起來：為什麼會有兩種股價跑馬燈？

於是他開始研究股市。五年後，他替一家名字很怪的公司Chi-X Global（「那真是行銷上的災難，」他說：「每一次拜訪客戶，我都得先花十五分鐘解釋公司名稱。」），到世界各地創設美國式的證交所。他所扮演的角色，一部分是商人，一部分像傳教士。他會與各國政府官員開會，寫白皮書，參加政策公聽會。成立了Chi-X加拿大之後，他一直在幫那些打算在新加坡、東京、澳洲、香港與倫敦成立證交所的公司當顧問。「我是上帝的使者嗎？」他說：「不是，但我相信，一個更有效率的股市，對國家經濟是有幫助的。」

然而，一邊推動美國式證交所的同時，他也發現了：每一家新交易所在開張之後，其實交易都很清淡。總是當高頻交易業者出現之後，把主機擺放到交易所旁邊，才熱絡起來。後來，他聽說這些高頻交易業者藉由架設在交易所旁邊的電腦，偷偷占投資者便宜。他不知道問題到底出在哪，但已經足以讓他開始懷疑：自己的工作，到底是在助人還是害人？

二〇一〇年，Chi-X拔擢他高升為「全球產品負責人」，但就在他同意接任新職之前，意外發現網路上一篇由薩爾．阿諾克（Sal Arnuk）與約瑟夫．沙魯奇（Joseph Saluzzi）所寫的文章。這篇文章詳細說明了兩家證交所——BATS與那斯達克——所提供給高頻交易業者的資訊，如何協助高頻交易業者掌握投資者的動向。絕大部分投資者，阿諾克與沙魯奇寫道：「完全不曉得自己買賣股票的私密決定，早已被交易所公開，而且這些交易所完全沒有向客戶清楚說明這一點。」

「那是我第一次看到可信的證據。」麥特說。他繼續追查後發現，BATS與那斯達克圖利高頻交易業者的做法不是特例，而是整個股市都有的問題。

這一來，也使得麥特陷入天人交戰：一方面，他繼續在世界各地鼓吹美國股市有多好；但另一方面，他也發現了美股市場很黑暗。「我發現自己無法像以前那樣，由衷地肯定高頻交易的貢獻。」他說：「眼看著我們不斷把美股的營運方式引進別的國家，我心想，這根本就像是把疾病傳染給人家。」

當時的麥特三十四歲，已婚，有個一歲大的孩子，Chi-X付給他高達四十萬美元年薪。儘管如此，儘管他還不知道接下來能幹嘛，他還是毅然辭去了工作。「我不願意說自己是什麼理想主義者，」他說：「但是我們在這個星球上的時間很有限，我可不想在二十年後，後悔自己沒有選擇走一條讓自己感到驕傲的人生道路。」

麥特是在籌備加拿大交易所時，認識了羅南。二〇一二年十月的某一天，他們兩人約在自由廣場附近的麥當勞喝咖啡。羅南告訴他，自己剛離開皇家銀行，正在籌備一家新的交易所。「**我的第一個反應，是覺得很替這個人感到悲哀，**」麥特說：「**他簡直是在搞爛自己的前途，死路一條**。但後來，我問自己：是什麼原因，讓這群已經賺百萬年薪的人，願意辭去原有的工作？」十一月，麥特再度約了羅南，打聽了更多關於交易所的細節之後，小布在十二月雇用了他。

你的交易資訊，是個離譜的潘朵拉盒子

站在白板前，小布把眼前的問題整理了一遍：過去，很少有投資者會指示券商，一定得把自己的下單傳送到某個特定交易所；但現在，這正是IEX要投資者做的事。再來，就算投資者明確指示券商，也不等於券商就會真的照辦，乖乖把客戶的下單傳到IEX。通常，券商們提供給客戶的「TCA」（Transaction Cost Analysis，也就是「交易成本分析報告」）內容太陽春，沒什麼用處，根本無法幫助客戶分析個所以然。而且，TCA上從來不會指明是在哪個交易所完成交易的。但假如我們連股票在哪裡完成交易都不知道，那要如何得知我們是否以最合理的價格買賣股票呢？「根本是個離譜的潘朵拉盒子，」小布說：「你以為自己只是問一個簡單的問題：我的股票是在哪裡完成交易的？但以目前的做法，你就是不可能得到答案。」

「如果請投資者先下單給我們，然後再由我們替他們查出最後是在哪完成交易的，可行

嗎？」帕克問。

「不可行，」童大說：「這樣會違反我們與券商之間的保密協定。」沒錯，你是可以要求美國銀行把你下的單子轉到ＩＥＸ去，也可以要求ＩＥＸ把交易結果告知你；但照現有規定，美國銀行可以拒絕ＩＥＸ把交易結果讓你知道，因為這麼做依法等於在揭露美國銀行的商業機密。

「為什麼我們不能把實際發生的狀況，讓投資者知道？」羅南問。

「因為按理說，這筆訊息的所有權歸屬於券商。」童大回答。

「你的意思是說，投資者之所以看不到自己的交易訊息，是因為這筆交易訊息屬於高盛？」羅南簡直不敢置信。

「一點沒錯。」

「如果我們堅持要告訴投資者，他們會怎麼做？讓我們關門大吉？」

「剛開始，可能只會拍拍我們的肩膀，給個警告。」童大說。

但是小布正在想的是一個更為艱難的目標：是否可以建立一套機制，讓投資者可以「即時」——也就是券商傳送下單訊息的同時——獲知自己下單的交易狀況。「就像有個保全監視器，」他說：「不見得需要一直開著，光是有這東西的存在，就足以改變業者的行為了。」

「這可是會讓我們成為券商們的眼中釘。」童大說。他身上穿著一件T恤，上面寫著I Love Aquatic Life（我愛海底世界），手中把玩著一顆橄欖球，但無法隱藏他心裡的不安。他眼前這群人，全都在華爾街的券商待過，但沒有一人曾經是這些券商的客戶，不知道這些券商的能耐。

「假如這些券商都討厭你，」童大後來說：「我們就完蛋了，沒戲可唱下去。」不過當時他沒有把這番話說出來，或許他覺得大家應該也都心裡有數。

「這情況就像是我懷疑辦公室裡有人偷東西，」小布說：「我可以到處找證據，設法抓出小偷，但我也可以裝個攝影機。不管有沒有在錄影，擺個攝影機在那裡，想偷我咖啡機的渾蛋，永遠搞不清楚到底攝影機是真是假。」

「投資者是否真會用這套機制，老實說我們才不管。」羅南說：「我們只是要讓券商害怕，害怕投資者真的會去使用這套機制。」

券商監視器？能不能申請專利？

就在這時，辦公室裡的電話響起——彷彿三更半夜某個小鎮上，突然響起一陣刺耳的汽車喇叭聲。這個偌大的辦公室是完全開放式的，沒有任何隔板，但在那裡上班的年輕人都很自律，都不會去打擾別人。只有一人除外。

這個人，就是塔拉．麥姬（Tara McKee）。她原本是皇家銀行的研究助理，小布在二○○九年把她挖角過來當他的祕書。「我第一次見到小布，我就跟自己說，不管職務內容是什麼，反正我就是要跟他一起工作。」她說。其實，有一度小布不建議塔拉跟他一起離開皇家銀行，因為小布付不起太好的薪水，而且也怕她承受不起這樣的生涯風險，但她還是跟著小布來到新公司。這群小布新找來的科技高手，在塔拉看來，比他在皇家銀行的團隊更怪咖。「這些天才，還真有夠笨，」她說：「很多事情他們根本不會自己動手，都需要別人幫他們。」

而且他們全都只專注在自己的事情上，對別人的事情不太關心。「跟這些人溝通，其實不怎麼舒服。」小布說：「這一點我們還得努力。」很有意思，這些人都是破謎高手，但他們自己卻都是別人眼中難以破解的謎。

小施大叫了一聲：「到底是誰的電話在響？」

「不好意思。」有人應了他，然後電話不再響了。

「這根本是在監視人家，」對於小布的點子，童大這樣認為：「感覺上很羞辱人，這樣會造成雙方的關係緊張吧。」

「如果你在過機場海關時被攔下來，你會不會恨死了攔下你的人？」小布問。

「當然會！」童大說。

「我不會，我會覺得這樣很好，因為這意味著對方也會把別人攔下來檢查。」小布說。

「我們現在的狀況是：所有過海關的人，身上都帶著大麻。」小施說。

「如果有人反彈很大，那是因為他們的確帶了不該帶的東西。」小布接口道。

「不，」童大說：「我是很胖沒錯，但我沒帶炸彈上飛機，你不可以沒事找我麻煩。」

他停下手上把玩著的橄欖球說。

「這玩意兒除了監視券商，還可以有別的功能嗎？」小施問，意思是：「可不可以監視券商，卻又不讓券商覺得自己受到監視？」

「不行。」小布說。

「那就是擺明要監視人家了。」小施嘆了口氣。

「**券商監視器**，」童大嘲諷地說：「聽起來很響亮，可惜不能申請專利。」

大夥兒陷入沉默。

有光的地方，就有影子。反之亦然

其實，在他們設計新交易所的過程中辯論過無數次，這只是其中之一而已。他們大體上分成兩派：一派以羅南和小布為主，主張應該對華爾街大券商宣戰，另一派，例如童大和小施，則反對這麼做。至於帕克和麥特則不是很確定自己該支持哪一方，只是兩個人的狀況不太一樣。「帕克是我們當中跟業界關係最遠的，」小布說：「他跟券商沒半點瓜葛。」至於麥特，總是喜歡先觀察，不習慣先表態。

「當我跟一群人在一起時，常會覺得自己在他們的圈子外。」麥特說。他是那種以和為貴的人，他會因為自己的原則而辭職，但這並不等於他樂於面對衝突。「有沒有一種可能，」他終於開口了：「我們就這樣開張了，然後非常非常成功，然後就沒必要去搞什麼監視器了？」

這想法立刻就被打槍：因為沒有人相信，他們一開張就會非常非常成功。其實麥特自己最清楚，一家新開張的交易所，剛開始能交出什麼樣的成績呢？答案：爛成績。「Chi-X 加拿大」現在非常成功，在加拿大股市的占有率已經有二〇%，但是「Chi-X 加拿大」開張的第一個月，總共也才成交了七百股；很多時候一整天過去，沒出現半筆股票交易。接下來的幾個月，通常也沒好到哪去——而這，已經是一家很成功的新交易所的狀況了。

ＩＥＸ不見得需要一開張就掀起什麼風潮，但至少要有足夠的交易量，才能昭告世人「正派經營」有多麼重要。他們得向投資者證明，在一家不揩油的交易所下單，會比在其他交易所下單更好。想要證明這一點，他們就需要拿出數據；要有數據，他們就得有交易量。假如華爾街的大券商們都聯合起來，不下單到ＩＥＸ，那這家新交易所就沒戲可唱了。再加上ＩＥＸ的口袋不夠深，恐怕無法撐過連續幾個月都這麼低的成交量。這一點，大家心裡都有數。

「券商們一定會氣到跳腳。」小施說。

「我們本來就是要揭竿起義的，」小布說：「如果每個客戶都覺得現有的交易所很好，我們也不會坐在這裡開會了。重點不是我們要找哪家券商麻煩，不是故意要樹敵，重點是誰會站在我們這一邊：我們得讓投資者站在我們這邊。」

「但券商們還是會跳腳。」小施說。

「我們真的得當糾察隊不可嗎？」童大問。

「或許我們不必真的這麼做，」小施說：「也許我們只需要讓別人以為我們會這麼做就夠了。我們跟投資者說，我們會監控，然後讓他們去告訴券商——這樣也許就可以了。」

「但他們不可能不知道的。」童大說。

這時，小布提了最後一個點子：設立一個網路聊天室，讓投資者能在交易時，直接與券商對話。「或許，可以讓投資者隨時拿起電話打給券商，了解交易的實況，」他說：「總會有辦法的。」

「可是以前從來沒人這樣做。」羅南說。

「因為以前沒必要。」麥特說。的確，過去投資者從來不需要特別選擇要在哪個交易所下單。

「假如我們什麼也不做，那大家就日子照舊，」小布說：「但如果我們起個頭，就能改變一些事情。我比較擔心的是，我們會不會弄巧成拙？我們想要照亮某個黑暗角落，但我們會不會因此而製造出新的黑暗角落？就像 Reg NMS，本來想解決問題，結果反而製造了新的問題。」

「有光的地方就有影子，」童大說：「你想照亮一個地方，就一定有你無法兼顧的黑暗角落。」

「對，如果我們自己也覺得有太多未知的盲點，也許我們就不該這麼做。」小布說。

「假如我們搞了個監視器，結果這監視器反而製造出更多問題，那我們不是更難看？」童大補充道：「還不如當初就不要有什麼監視器。」

「除非我們能想出別的說詞。」小施顯然還在想監視券商、卻又不讓券商知道被監視的點子。

「我必須老實說，」小布表示：「我現在不像先前那麼篤定了。有一個會製造更多問題的監視器，的確還不如沒有。」說完，把筆丟回盒子裡。「現在我們看到了，為什麼投資客戶都被蒙在鼓裡——因為整個遊戲規則的設計，就是要把投資客戶蒙在鼓裡的。」他問童大：「在那斯達克，他們會討論這個問題嗎？」

「不會。」童大說，身體往後靠向窗戶。

小布望著童大，望著童大背後的景觀。那一刻，他覺得自己彷彿飄到了大樓外，從外頭看見自己。到底，外頭的人會怎樣看我們？外頭，曾經有著兩棟象徵美國資本主義的高樓，如今在漫天飛舞的紙屑中化成灰燼；外頭，循規蹈矩的人成了笨蛋，任人揩油，而那些最需要ＩＥＸ的人，至今根本連聽也沒聽過ＩＥＸ的存在。

然而，「外頭」也正在改變。很多人正在搭建新建築，來取代已經灰飛煙滅的世貿大樓；很多人也發現了，原來自己比想像中堅強；很多人現在願意支持ＩＥＸ，一起向弊端宣戰。外頭，充滿生機。

第 7 章

禿鷹現形記

看見你的錢被吃掉的那一刻

九一一事件發生的那個早上，卓南．波科夫（Zoran Perkov）一如往常，從皇后區的家搭地鐵到華爾街上班。跟平常一樣，他帶著耳機，聽著音樂，當作車廂裡的其他人全都不存在。不過，跟平常不一樣的是：那天他遲到了，而且車廂裡的人也讓他覺得怪怪的：大家都在交頭接耳！「平常，車廂裡是不會有人交談的，」卓南說：「真是太詭異了。」

二十六歲，長得又高又壯的卓南，出生於克羅埃西亞，很小就隨著父母來美國，在皇后區長大。當時的他，在一家叫做「華爾街系統」（Wall Street Systems）的公司當維修技師。公司位於布羅德街（Broad Street）三十號，緊鄰著紐約證交所。他的工作內容是什麼不重要，反正他覺得沒什麼意思，打算要辭職了。接下來的幾個小時，他發現自己可以做一件事。也正是這個發現——而且他很清楚自己為什麼會這麼想——讓他與小布結緣。

就像看著一部默片，卓南一路看著車廂裡的人們彼此交談。走出「三一教堂站」，迎向早晨的陽光，他看到大家都在抬頭望。於是他也跟著抬頭，當時正是第二架飛機撞向南棟。「從我站的地方看不到飛機，」他說：「但是可以看見爆炸。」

他拿下耳機。「周圍的人都在哭，都在尖叫，都在驚慌。」他看見人們四處逃竄，但他照樣過馬路去公司。「我不是去上班，」他說：「公司裡都是我的朋友，我得去看看他們怎樣了。」大樓門外，他看到一位拿著根香菸的美女。平時卓南也常看到她，但是那一天，她邊抽菸邊哭。

卓南快步上樓，去關心了一下同事們，然後打電話給幾位同樣在華爾街上班的老友。其中有一位就在世貿大樓上班，但卓南不記得是在哪一棟。另外幾位也是在那附近的大樓工作。他們聯絡上了之後，約好在卓南的公司碰面。那位在世貿大樓上班的朋友趕到時告訴他，在路上聽見有人從高處摔落地面的聲音。

一行五人，決定趕緊逃離現場。卓南提議用步行的，其他人則認為該搭地鐵。「少數服從多數。」卓南說。於是一夥人往剛剛他下車的地鐵站走去。結果發現，想搭地鐵逃命的不是只有他們，擁擠的人群拆散了他們，其中三位擠上了一節車廂，而卓南與另一位朋友則上了另一節。

地鐵駛出站沒多久，開進了一條黑漆漆的隧道，然後就停了下來。隧道裡全是煙，卓南不知道發生了什麼事，他看見一個傢伙打算把車窗打開，趕緊上前阻止。「你憑什麼管我？」那傢伙回嗆。「外面都是煙，」卓南大叫：「你一開窗，大家必死無疑！」結果，窗戶沒被打開，但車身持續顫抖。他朋友的那節車廂已經脫軌，很多人都跪下來禱告。

這時，列車長過來告訴大家，車子必須開回「華爾街站」。接著大家看到司機從最前面的一節車廂走到最後一節，打算往反方向開，設法離開隧道。不過，到站之後大家才發現，只有前面兩節車廂能靠上月台，其他車廂的乘客得爬出車廂才能脫困。

就在這時候，卓南在人群中看見一個老先生——他的鄰居。「他拿著枴杖，」卓南說：「身上穿著一件老舊的西裝，因為他現在變瘦了，老西裝看起來稍嫌大了些。我當時心想，一定得看著他，免得他出什麼意外。我覺得有照顧他的責任，於是盡量走在他後面。」就這樣，一邊看著老人，他一邊沿著階梯回到華爾街上。

但是，眼前所見卻一片漆黑。「我們已經出了車站，卻好像還在地下，」卓南說。「而且老先生也不知道走到哪了，於是我回過頭來，專注於自己眼前發生的事。」

然而此刻的他什麼也看不見，只能聽到有人不斷喊叫。「這裡有人！這裡有人！」他聽到求救聲，於是和同行的夥伴一起循聲而行，一路走到了美國運通大樓。他們看見一位懷孕婦人，坐在地上，背靠著牆。他快步上前，確定對方不是快要臨盆後，把自己的手機給了她。外頭烏黑的空氣，漸漸不再一片漆黑，他也大致能辨認出方向。儘管大樓裡的警察要他必須留在大樓裡，他還是拉著同伴往外頭衝。

兩人朝著東北方一直走，來到下東區一棟不知名的公寓。「我看見很多人走到公寓外頭，手上拿著杯子、水與自己家中的無線電話，都想要幫助路過的人，」卓南說：「我終於忍不住哭了。」

最後他們走上羅斯福大道，繼續朝北走。那真是奇特無比的一種感覺：走在羅斯福大道上，一路上靜悄悄的，只有他們兩人。有好長一段時間，他們所遇到的唯一一個人，是騎著摩托車朝著災難現場奔去的警察。接著沒多久，空中飄下紛飛的紙張，卓南看見紙上還印著世貿大樓的地址。

關於那天上午的經歷，卓南說，自己連提起都覺得有罪惡感。其實在那一刻，是他第一次發現自己完全不知道接下來該怎麼辦，他的人生有了新的體悟，對身邊的人有了新的認識，而他喜歡這樣的轉變，並開始反省自己。「我還滿高興，沒有變得自怨自艾。」他說：「我沒有拿那天所發生的事，當成不做任何事情的藉口。那天的經驗讓我明白了：我並不害怕那樣的場面，我想要勇往直前，我想要有精采的人生。從那一刻起，我居然開始關心身邊的人了。」

按一按鍵盤，我就能製造災難

兩天後，他恢復上班。他本來就喜歡那種能在危機中展現實力的工作，而在華爾街的科技部門，如果你想要有工作壓力，最好的選擇就是去搞電子交易平台。二〇〇六年初，那正是卓南在那斯達克的任務。

「他們讓我坐在四台電腦前，我只要按一按鍵盤，基本上就有可能造成大災難。」他說：「那真是世界上最棒的工作了，每一天都像在踢超級盃足球賽，你會覺得自己重要得不得了。」一般非科技部門的人，很難明白這種感覺。「這樣說吧，」卓南表示：「如果我捅了什麼樓子，我就會上新聞。因為只有我能捅出大樓子，也只有我能收拾爛攤子。」

這一點，可是他付出慘重代價後的領悟。剛加入那斯達克沒多久，他就搞砸了其中一個交易所（那斯達克旗下有好幾個交易所，包括Nasdaq OMX、Nasdaq BX、INET、PSX等）。當時，他在開盤期間修改系統，輸入了一個指令之後，周圍的人突然大叫起來，但是他完全不知道自己闖了大禍。「我清楚記得看著他們四處又跑又叫。」他說，然後回頭看自己的電腦螢幕：當機了！隔了好幾秒鐘，他才意識到，自己已經造成整個市場停擺！接著又隔了好幾秒，他才發現自己是怎樣闖禍的。於是他趕緊把問題解決掉，市場才恢復運作。

這場災難，前後共為時二十二秒鐘。「我坐在那裡，心想：完了。」卓南說：「幸好當時公司的科技長救了我，他告訴大家：一個擁有『犯錯、造成災難、解決災難』經驗的人，我怎能開除他？」

無論如何，那起事件的確大大影響了他。「我問自己：要怎樣才不會重蹈覆轍？」卓南說：「我開始研究如何掌控一個大規模的複雜系統，學習處理複雜性——也就是：人類無法預測的情況。在一個本質上難以預測的系統，要如何維持系統的穩定？」

他大量閱讀相關文獻。其中一本他最愛的書，書名就叫做《複雜性》（*Complexity*），作者是M．華多洛普（M. Mitchell Waldrop）。他最喜歡的一篇論文，標題是「複雜系統如何崩壞」（How Complex Systems Fail），那是李察．庫克（Richard I. Cook，目前在瑞典當教授，專長是健保系統安全）所擬的十八個重點摘要。摘要中的第六個重點，正是：**災難永遠近在眼前**。

「很多人以為，英文的complex，只是complicated（也是複雜的意思）的升級版，」卓南說：「其實兩者不一樣。一把車鑰匙，是simple（簡單）；一台車子，是complicated；一台車子開上路，則是complex。」

烏事一定會發生，你一點辦法也沒有

而股市，就是屬於一個「複雜」（complex）的系統。而所謂複雜系統的定義之一，照卓南的話來說就是：「烏事一定會發生，你一點辦法也沒有。」如果有一個人的工作任務，是要確保烏事絕對不會發生，那麼他將會面臨兩種職業風險：一種，是發生了在他可控制範圍內的鳥事，另一種，則是發生了在他控制範圍之外的鳥事。

卓南多年來一直待在那斯達克，負責其中一個交易所。後來，公司讓他去管另一個較大的交易所，風險也相對提高。二〇一一年底，整個那斯達克旗下的交易所都歸他所管，他的職稱叫做「全球營運長」。六年來，他花很多時間把市場弄得更「複雜」（complex），至於為什麼這樣，他自己也不是很清楚。交易部門的人改了規則，而他的責任就是配合修改。「我第一次覺得真是夠了，」他說：「是看到 Post-Only 下單。用這種方式下單，意思是：只有當券商能拿到回饋金的情況下，才會完成交易。這種下單方式，到底想幹嘛？」

然而，修改系統這件事，其實會增加所有系統使用者的風險。在一套交易系統上增加程式碼，就像在高速公路上增加車子流量——沒有人能預測結果會怎樣。可確定的是，你會讓整個系統更難以理解。雖然他自認是危機處理專家，但沒道理故意製造危機來給自己處理吧？何況他也不適合管所有交易所，因為他不擅長處理職場政治。日復一日，他漸漸對工作感到厭倦。二〇一二年三月，他被解雇了。

就在那時，他接到童大的電話，邀請他參與ＩＥＸ的籌備。「我現在還沒法承諾你什麼條件，主要是因為我們現在沒什麼錢，接下來該怎麼做也不是很確定。」童大說：「不過也許過段時間，就會明朗些。」童大知道，卓南剛剛才在公司裡的人事鬥爭中落敗，不過更重要的是：卓南是他所認識的人當中，最有資格來負責ＩＥＸ的一位。「他的條件最符合我們的需求，」童大說：「他抗壓力佳，非常熟悉複雜系統，而且很有想法，能夠診斷問題、預見問題。」

其實在童大找上卓南時，投資大眾對美國股市的信心早已動搖。二〇一〇年五月那場「快閃崩盤」事件以來，標準普爾指數漲了六五%，但成交量卻掉了五成——這是美股史上第一次出現價漲量跌的現象。在「快閃崩盤」事件爆發之前，美國有六七%的家庭持有股票；但到了二〇一三年底，這個數字掉到只剩五二%。

美國家庭對金融市場的信心崩壞，原因不難理解。美國股市如今看在投資者眼裡，既複雜又陌生。不只是股價走勢比過去更難預測，整個股市也狀況頻頻。二〇一二年三月，ＢＡＴＳ就因為出現了「技術問題」，而決定撤回上市申請；隔月，紐約證交所意外砍掉某些下單，原因是出現了「技術短路」（technical glitch）；五月，那斯達克搞砸了臉書的上市行情，因為有些投資者在承銷價公布之後改變主意，但那斯達克部分電腦速度太慢，以至於無法及時處理。

再往前推到二〇一二年八月，大型高頻交易業者「騎士資本」的軟體出問題，瘋狂地在紐約證交所亂下單，結果造成市場大亂，也讓自己的股價狂跌，市值一下子蒸發了四億四千萬美元。同年十一月，紐約證交所爆發所謂「撮合引擎當機事件」，有兩百一十六檔股票被迫暫停交易。三個禮拜後，一位那斯達克的員工在螢幕上按錯了鍵，結果造成一家名叫「白馬金融」（WhiteHorse Finance）的新上市股票暫停交易。二〇一三年一月初，BATS承認從二〇〇八年開始，由於某些不明電腦錯誤，而沒有以最佳價格為客戶撮合股票。

以上只是發生在一年之內的幾個案例而已，而且幾乎都歸因於「技術短路」。整體來說，美國股市在「快閃崩盤」發生後兩年內所出現的問題，比過去十年的總和還要多兩倍。

不僅如此，同一段時間裡，許多股票的價格也出現異常波動。例如二〇一三年四月，Google股價曾在不到一秒鐘之內，從每股七九六美元重挫到七七五美元，然後下一秒又彈回到七九三美元。緊接著的五月，美國公用事業概念股也爆發一次小型的「快閃崩盤」，有些股價在數秒鐘之內暴跌超過五成，然後沒多久又反彈一倍。類似的小型「快閃崩盤」，現在三不五時地發生在很多個股身上，只是很少被注意到，也很少被報導。

卓南常說，從二〇〇六年到二〇一二年之間，美國股市的所謂「技術短路」，其實發生頻率變少了，而不是變多。真正變多的，是系統性的當機。他對glitch這個單字也很有意見，「那是全世界最糟糕的一個字。」他說。通常，當交易所的電腦出問題，股市無法順利運作，交易所的負責人對於到底問題出在哪、可以怎樣解決，是沒有半點頭緒的，全得靠底下的技術人員幫忙。但身為負責人，總得對外說明，於是只好說是發生了某種「技術短路」。彷彿不用些含糊、空洞的字眼，就無法解釋金融市場如何運作——或如何不運作。在卓南看來，如果要把所有電腦相關的問題，用一句簡單的話來說明，應該是：「普通的意外」（normal accidents）。

二〇一二年夏天，當童大再度與卓南聯絡，IEX已經有了明確的方向，而且資金方面也有了著落。但IEX所標榜的方向太理想，卓南心裡是充滿懷疑的：要打造一個公平的市場，可能嗎？不過，能夠從零開始設計一個全新交易所，他倒是興致勃勃。於是他造訪了IEX，與小布、帕克、小施與羅南見面。小布、帕克與小施都覺得卓南不錯，倒是羅南有意見。「最讓我不爽的是，」羅南說：「他不懂得何時該閉嘴。」

不關我的事，不關我的事

剛加入ＩＥＸ的那幾個月，卓南讓每個人都抓狂。市場還沒出問題，辦公室裡的氣氛倒是先有了麻煩。比方說，當他們要卓南在系統裡加入一些新功能，然後問他：「這樣會讓系統更難管理嗎？」卓南會說：「要看你對『難』的定義是什麼。」或者，當他們問卓南，如果小幅修改系統，會不會讓系統變得比較不穩定，卓南則會回說：「要看你對『穩定』的定義是什麼。」無論你問他什麼問題，他總是不肯直接答覆，而是用另一個問題來回嘴。唯一的例外是當你問他：「為什麼你老是用問另一個問題，來回答我問你的問題？」他會說：「只是想弄清楚你問題的真正意思而已。」

卓南似乎也假設，他的新同事無法理解有些事他能處理，但有些不在他的掌控之內。有一次，他一口氣發出十五封 email 給同事，只是為了想讓大家明白一件事：每一個股市，都必然潛藏著難以理解的技術問題。為了強調這個論點，他甚至找了一位講師來為大家上課。「公司裡很少出現像那麼火爆的氣氛，」小布回憶那天上課時說：「技術部門的人都覺得講師說的很有道理，但是交易部門的人都不買單：畢竟，如果電腦真出了問題，難道不該有人負責嗎？」

講師離開後，卓南轉發了一篇部落格貼文，標題是「關於人為錯誤的短篇故事」（A Short Story on Human Error），文中介紹了一些電腦災難事件，然後下了這樣的結論：「你會發現，引起災難的原因不只一個，也不是因為某個寫程式的人不小心刪掉了什麼內容。相反的，通常原因很多，而且往往比較少來自某一個人所犯的錯誤，而是比較可能是組織所造成的問題。」看到這裡，小布終於忍不住，從自己位子走向卓南大喊：「別再寄這些鬼email了！」

最後卓南也的確不再寄了。「當身邊的人都抓狂起來，我通常就會知道自己該怎麼做。」他後來說：「但是假如大家都沒說話，我就會自己一直胡思亂想。」

剛開始，小布百思不解：為什麼一個抗壓力這麼好的人，會這麼擔心萬一出問題時被別人責怪？「他的危機處理能力好極了，」小布說：「我親眼看過他在時間壓力下，如何解決問題。但他的表現就像一個四分衛，明明在球場上神勇無比，但是在沒有比賽的其他時間，卻老在向別人解釋，如果他拋出的球被對手攔截，其實不是他的錯……」

後來小布懂了：「他有一種不安全感，因為他知道，平常沒事則已，一旦有狀況，大家都會把箭頭指向他。」小布發現，不只是卓南如此，華爾街上電腦技術部門的人也普遍這樣。今天，股市得靠這些電腦，但是這些電腦技術專家仍然只被當成某種工具在使喚而已。公司高層都懶得讓他們更理解金融市場，但卻要求他們得照自己的意思做，出了問題又唯他們是問。

那斯達克的電腦工程師，算是華爾街最頂尖的。但是長期要他們應高頻交易業者的要求，不斷修改程式，已經為他們帶來龐大的壓力，同事們鉤心鬥角，上班的氣氛糟透了。交易部門的人一直對技術部門提出不合理的要求，然後當這些要求導致系統出狀況，又全怪罪到技術部門頭上。「你一定得反擊，」小布說：「讓交易部門的人知道，系統出狀況，他們也有責任！」

帕克與小施都同意小布的看法，贊成用這種態度來管理這位從那斯達克找來的夥伴：不斷反覆讓他知道，出了難以預知的問題，大家不會責怪他；而且公司裡的大小決策，都讓他共同參與。只有羅南沒這耐性。「拜託，又不是三歲小孩。」他說。

不過話說回來，漸漸的，羅南也發現卓南的確有兩把刷子。「要勝任這份工作，你得是那種超級難搞的怪咖才行。」羅南說：「而他可能是地球上最難搞的怪咖。他深思熟慮，任何事情都沙盤推演很多步，因為他非常在意萬一出問題，自己會陷入什麼情境。這一點他實在很厲害！」

按下Enter，開啟歷史

二〇一三年十月二十五日早上，卓南像平常一樣從家裡搭地鐵到華爾街，像平常一樣看書或看資料，完全無視周圍其他人的存在。但那一天，不一樣的是他比平常還要早，而且他所籌備的新交易所要開張了。這家新交易所將會跟他過去所待過的不一樣，由他所景仰且信任的人創辦，目標單純，動機純正，一切從零開始打造。

那天，卓南坐在辦公室的位子上，敲了一下鍵盤後，看著螢幕上的程式碼。他拿起一個已經老舊不堪的滑鼠，才發現已經壞了。「這是我的戰鼠，」他皺眉，解釋道：「過去十年來，我設計過的交易所都是跟它並肩作戰的。」他拿著滑鼠敲了敲桌子，覺得有可能是因為電池沒電了，可是他不知道可以怎樣換電池。「我老婆常虧我，說我連微波爐都搞不定，卻可以去籌備交易所。」他說。於是他只好換另一個滑鼠，然後眼睛盯回螢幕上。

看看時間，當時快要到上午九點半，美股即將開盤。他等著看看會不會發生什麼狀況，結果沒事。

九點二十九分，小布走向卓南的位子。那是交易所開張的第一天，但是小布望著卓南的鍵盤，不知道該怎麼做。

「我現在該怎樣？」小布問。

「按下 Enter 鍵就可以了。」卓南說。

接著，辦公室裡的人開始大聲倒數：「五、四、三、二、一……」

六個半小時後，股市收盤，但卓南不知道那天股市是漲是跌。因為他人在九一一紀念碑旁，一個人邊散步邊抽菸。

十六位大投資家，一場大開眼界的說明會

兩個月後，曼哈頓一棟摩天大樓頂樓的一間會議室，聚集了十六個人——全是世界規模最大的資金管理人與CEO。他們從不同的城市飛來，就是為了要聽聽小布向他們簡報：

ＩＥＸ開張之後，美國股市出現了什麼變化。

因為，ＩＥＸ開張之後，小布有了驚人的新發現。「我們現在終於能把真實情況看清楚，」小布說：「我們不再是在圈外旁觀，而是站到圈子裡了。」

這十六位投資家，手上總共掌握約兩兆六千億的股市資金，約占整個美國股市的兩成左右。華爾街券商每年從投資者身上所賺到的約一百一十億美元手續費當中，他們就占了二十二億美元。他們當中，有些是ＩＥＸ的股東，有些不是；有人不看好小布所聲稱的理想主義，認為小布太天真，也有人認為眼前的問題不容忽視。儘管大家想法不太相同，但心裡都一樣：很不爽。

因為過去幾年來，他們都聽過小布說了股市裡的運作弊端。過去，他們有點懷疑小布之所以這樣講，只是為了向他們推銷新交易所的點子，但是現在他們不再這樣想了，而是把小布視為一位可以一起解決市場弊端的夥伴。

「以前我們隱約知道市場發生了什麼事，但無法明確地解釋清楚，」其中一位說：「但小布為我們解釋得很清楚。」另一位也說：「這是一場改革，我受夠了一直被耍，我想要一個乾淨的股市！」第三位補充說：「現在的股市交易全要靠運算法與路由器，我們很難搞懂這些玩意兒，沒有書會教你，你得不斷問人才行。但那些券商，從來不會直接給你答案。你跟他們說，天空是藍的，他們會告訴你，天空是綠的，整個雞同鴨講。其實他們很清楚你想問什麼，但他們就是不想回答你。當小布第一次把實際的狀況告訴我時，我下巴都快掉到地上了。」另一位投資家問小布：「你為什麼要選一條難走的路？」沒錯，如果新交易所成功，小布會賺到錢，但還是沒比他留在皇家銀行賺得多。

這十六位投資家，全都是男性。大部分穿著西裝，而且看起來都像是量身訂做的那種。他們和華爾街那些大券商、高頻交易業者的人非常不一樣。你很少看到他們跳槽，而且他們彼此也很少往來，這回要不是小布的邀請，他們也不覺得有什麼碰面的必要。他們都是剛抵達紐約，其中幾位看起來明顯疲累，但都很平易近人，不會端架子，很有禮貌，而且都對今天要談的主題高度好奇。

眼前這位三十五歲的加拿大佬，讓他們看見了過去從未看清的股市真相。「我現在看得更明白了，」小布說：「我終於看懂了以前那些業者所發出的新聞稿。」例如八月二十二日那天，那斯達克當機了兩個小時，對外聲稱的理由是SIP出現了技術短路。但小布知道真正的原因：那斯達克投入大量資源在高頻交易業者身上，卻只讓一般投資者使用最基本的設備。「那斯達克給高頻交易業者使用的，是最頂尖的科技，」他說：「卻只給一般投資者次等的服務。」

四天後，另外兩家交易所——BATS與Direct Edge——表示即將合併。在正常的情況下，當兩家業務完全相同的公司合併，我們稱之為「整合」，好處是可以降低成本。但這次詭異的是，兩家公司稍後所發出的新聞稿中卻表示，合併後仍將各自繼續營業。看在小布眼裡，原因很明顯：因為兩家交易所背後，都有來自高頻交易業者的資金；而對高頻交易業者而言，交易所越多家越好。

又隔了幾個星期之後，那斯達克與紐約證交所也雙雙宣布，要提升傳輸速度與撮合引擎的效率。新傳輸管線速度可以快二微秒，租金也從原本的每月兩萬五千美元提高為四萬美元。小布很清楚：股市並不會因為高頻交易業者的速度快了兩微秒而變得更好。之所以如此，純粹是因為高頻交易業者都想要比別的同業快，然後兩家交易所看準了這一點，硬是要從業者身上多賺點錢而已。

拜託，市場可以不要這麼透明嗎？

今天，每一件看起來奇怪的事件背後，一定都有外界不知道的原因。舉例來說，你可能會發現自己以每股三〇．〇〇〇一美元的價格，買進了某家公司的股票。為什麼會這樣？怎麼會有〇．〇〇〇一美元這樣的價格？答案很簡單：因為高頻交易業者需要。但沒有人清楚說明過這麼改的原因，改就改了。「對於一個這麼含糊其辭的產業，我們都要保持警覺。」小布說：「尤其，當賺最多錢的人都主張市場越不透明越好，我們更應該提高警覺。」

而小布在新交易所裡做的每一件事，都是為了讓市場更透明，希望能讓整個股市也跟著透明起來。這十六位投資家都知道IEX的基本策略：先成立封閉型的暗池，等到交易量夠大，再轉型為公開交易所。

雖然同樣是暗池，小布的IEX倒是有個創舉：暗池裡的遊戲規則是公開的。華爾街有史以來，投資者首度可以看見暗池內的運作情形——例如有哪些下單方式、是否有人享受什麼交易特權等等。換言之，IEX要為暗池設定一個透明度的新標準。

然而，顯然他太天真了。「我原本以為，在我們這麼做之後，應該會有同業跟進。」小布告訴這群投資家：「一定會有正派經營的業者，我估計在總共四十四家交易平台中，至少會有六、七家跟進。結果，沒有半家！市場上現在有四十五個交易所，竟然有四十四個交易所的客戶，不清楚交易所的內部規則。就像在金融危機爆發後，人們回頭檢討銀行時心裡會問：房貸戶沒有還款能力的證明，你怎麼可以把錢貸給他們？太離譜了——但當時的銀行就是這麼幹的。股市裡現在每天有數兆美元的資金在交易，但外界卻無法得知交易細節，也沒有任何書面資料。你不覺得跟次貸危機的情況很像嗎？」

接下來，他向大家解釋，為什麼同業們這麼怕見光，以及為什麼他們這麼希望看到IEX失敗。華爾街的券商們一直在放話，中傷IEX。例如一位投資家就告訴小布，他曾聽到一個美國銀行的代表說，IEX背後的出資老闆其實是高頻交易業者。IEX開幕的那天上午，一位ING投資公司的女經理，發了一封email給所有人，內容是某位自稱ING客戶的人寫道：「……我們要求ING不得透過IEX交易股票……因為我懷疑這個暗池有利益衝突的嫌疑。」

但事實上IEX的員工們，打從一開始就甘冒找不到金主的風險，就是不想被質疑有利益衝突。為了避開利益衝突，他們拒絕了華爾街券商大方提供的資金；為了避開利益衝突，股東們還特別訂出了一套章程，禁止任何單一股東享有特殊待遇。而且任何單一股東的持股不得超過五%，就是為了避免被外界覺得有掌控ＩＥＸ的嫌疑。當時剛買下紐約證交所的「洲際交易所」（ICE，IntercontinentalExchange的簡稱），曾經開口要高價收購ＩＥＸ，但被小布拒絕——小布自己也因此失去了一夕致富的良機。為了落實為一般投資者服務，ＩＥＸ打算等交易量夠大之後，就要調降交易費率。

但儘管有這一切努力，ＩＥＸ開幕當天，那位ＩＮＧ的女經理（先前小布曾經要求拜訪她、向她說明市場真相，但遭到拒絕）仍在散布謠言，指控ＩＥＸ有利益衝突。

自從正式開幕以來，ＩＥＸ的團隊成員也經歷了許多趣事。例如羅南，就首度受邀參加一個封閉式的研討會，那場研討會上沒有記者出席，全都是業界的大咖。羅南的策略，是在會場上盡量保持低調。有一度他本來要去上廁所，但途中聽到有人說：「裡面的人正在討論ＩＥＸ呢。」他趕緊回到會議廳裡，聽與會的幾家大型公開交易所老闆發言。幾位老闆的說法很一致：ＩＥＸ最大的問題，是讓市場更分裂。現在已經有十三家公開交易所、四十四家暗池，誰還需要一家新的呢？

到了開放討論時間，羅南抓過麥克風。「大家好，我是羅南，剛才差點因為去尿尿而錯過了大家的發言，」他繼續說：「我們跟你們不一樣，也跟市場上其他人不一樣！我們正在孤軍作戰！」他覺得自己表現得很冷靜，也拿捏得很好，但在場的人卻報以熱烈掌聲。「天啊！我還擔心你會衝出來揍人咧！」有人在會後告訴他。

至於其他券商們對ＩＥＸ的批評，則謹慎得多。他們不直接表示自己的意見，而是表示「別的券商這樣說」。例如，一個德意志銀行的傢伙說，有個花旗的人很不爽ＩＥＸ，因為ＩＥＸ請投資者要求券商一定要把單子傳到ＩＥＸ。其實在ＩＥＸ開幕前一天，一個美國銀行的傢伙打給小布：「**老哥，最近好嗎？如果有人問起，拜託就說我們很支持你們。**」但實際上，美國銀行是最早拿到合作契約的券商，但卻遲遲沒有跟ＩＥＸ完成連線。

白紙黑字又怎樣？不鳥你就是不鳥你

ＩＥＸ開幕九個禮拜後，大家可以很清楚看見：券商們都沒有依照客戶的指示，把客戶下的單子傳送到ＩＥＸ。

在場的投資家中，有些早已知道，有些則此刻才聽聞。「我告訴他們，要他們把單子傳到ＩＥＸ時，」其中第一位說：「他們告訴我，他們無法這麼做，還問我幹嘛要多此一舉？」在ＩＥＸ開張六個禮拜之後，瑞銀不小心向另一位投資家透露，其實他們沒傳過半張單子給ＩＥＸ——儘管這位投資家白紙黑字要求瑞銀得傳送給ＩＥＸ。還有一位掌管共同基金的投資家估計，雖然他明確指示券商們必須把他的股票下單傳到ＩＥＸ，但實際上有被轉的不到一成。第四位投資家則表示，聽過三家不同的券商說，他們之所以沒跟ＩＥＸ往來，是因為不願意每個月花三百美元的連結費用。

所有違抗投資家們的指示、遲遲不肯把單子傳到ＩＥＸ的券商當中，高盛的藉口最有意思：過去沒試過的事情，他們不敢讓電腦去嘗試。二〇一三年八月，高盛的自動化交易平台出狀況，不斷亂傳送下單，害得高盛慘賠數百萬美元——一直到幾家公開交易所同意刪除來自高盛的下單，才終於止血。高盛事後決定，在找出原因之前，暫時不修改交易軟體及增加新指令。當小布造訪高盛時，高盛所展現的態度，讓小布相信高盛說的是實情。小布發現，高盛很重視ＩＥＸ，因為就在小布與高盛交易部門的人談過之後，他聽說高盛的分析師警告客戶：買「那斯達克」的股票要小心。

另外幾家券商——除了摩根史坦利與摩根大通之外——基本上都在拖拖拉拉，有時候還會搞小動作。例如瑞士信貸的人會散布謠言，說ＩＥＸ不是什麼獨立的暗池，而是皇家銀行擁有的。有一天晚上，在一家曼哈頓的酒吧裡，一位ＩＥＸ員工遇到瑞士信貸的資深經理。「你們公司倒了之後，你可以來找我，我會賞你一口飯吃。」對方說：「不過想想算了，同業都很討厭你們，你還是別來找我好了。」

開業第一天，一位ＩＥＸ員工接到一通來自美國銀行高階主管的電話，對方告訴他，美國銀行裡有人「和愛爾蘭黑手黨是一夥的」，要他最好「別惹到那群人」。這位員工趕緊跑去找小布，小布說：「你聽他鬼扯！」但這位員工心裡還是毛毛的，於是偷偷記錄下與對方的對話：

ＩＥＸ員工：我應該擔心嗎？

美國銀行員工：是的。

ＩＥＸ員工：你是認真的嗎？

美國銀行員工：開玩笑的。

ＩＥＸ員工：我沒看到有什麼愛爾蘭佬跟蹤我……

美國銀行員工：那你下次上車時，自己小心點。

ＩＥＸ員工：還好，我沒車。

美國銀行員工：那，就是你女朋友上車要小心了。

速度很重要？笑鼠人了……

這些券商們也倒過來試圖說服投資者，不要跟ＩＥＸ往來：ＩＥＸ的速度**太慢了！**多年來，券商們不斷鼓吹速度的重要性，速度慢，就會不利於投資者。然而，ＩＥＸ所延遲的時間，是三五〇微秒——相當於我們眨一眼所需時間的千分之一而已。但投資者一直被誤導，以為眨一眼所需時間的千分之一的這一瞬間很關鍵。

如此重視速度，真的很可笑：因為一般投資者的速度再快，也絕對快不過高頻交易業者。而且投資者的速度越快，也等於只是讓自己更快地送羊入虎口而已。「問題是，」小布問：「我們要怎麼證明，區區一微秒根本不重要？」

他把問題丟給兩位破謎高手——後來增加了第三位：拉瑞・俞（Larry Yu，以下稱小俞）。小俞是魔術方塊高手，標準三吋大的魔術方塊，他在三十秒鐘就能搞定。他在辦公桌下有個箱子，裝著各種不同大小的魔術方塊——有四吋、五吋，還有一個超大不規則形狀的。小俞列印了兩個圖表，讓小布製作成投影片，秀給在場的投資家們看。

看清股市，不是用我們的眼睛，而是得想像股市在電腦裡的樣子——如果電腦有眼睛的話。第一個圖表上，是一家單日成交量最大的股票（這裡是以美國銀行為例），在美國所有大型交易所的交易概況，以秒為單位，共十分鐘。整體而言，儘管交易量驚人，但是交易頻率卻相當穩定：基本上，幾乎每一秒鐘都有交易活動——有時候是成交，但更常見的是出現新的買單或賣單。

第二張圖表，則是同一檔股票的交易情況，在電腦上所顯示的樣子——以毫秒為單位，總時間長度為一秒鐘。大家可以看到，在這一秒鐘內，交易活動呈現高度集中的現象，而且全部集中在其中的一・七八毫秒鐘。乍看之下，這張圖就像是沙漠上突然冒出一根高高的石柱，因為剩下的九八・二二毫秒，沒有半點動靜。換言之，假如電腦有眼睛，那麼從電腦眼中看來，即便是世界上交易最熱絡的股票，大半時間都是呈現睡眠狀態的。「從我們肉眼看，市場好像變化得很快，」小布說：「顯然，真正的狀況跟我們想的不一樣。」一般投資者絕對不可能因為比別人慢了這區區一毫秒不到的時間，而錯失什麼機會——即便是成交量最熱門的股票，這種情況發生的機率也接近於零。「那些向投資者聲稱速度很重要的券商，根本是鬼扯淡。」小布說：「因為如果區區幾毫秒真的那麼重要，那麼所有投資者都要搬到紐澤西來才對。」

「尖尖凸出來的那根，代表什麼意思？」一位投資家指著第二張圖表問。

「就是你下的單子被吃掉的那一刻。」小布說。

這時，幾位投資家開始有反應了。因為現在他們越看越明白：假如股市是一場派對，那麼他們就是派對上供人享用的雞尾酒。原來，他們根本不可能因為錯失了不到一毫秒的時間而有任何損失。「每當交易所成交一筆單子，就等於發出一個訊號，」小布說：「在那之前的五十毫秒左右，什麼事情也沒發生；然後訊號出現了，接著市場開始出現連鎖反應。而高頻交易業者則在旁邊觀察，根據你的反應去預測你接下來的動作。」

通常，當一個投資者所下的單子引發訊號的三五〇毫秒之後，是交易最熱絡的高峰期，而這三五〇毫秒，其實就是高頻交易業者在接收到訊號之後，再傳送到其他交易所所需要的時間。「你用肉眼是絕對看不出究竟發生了什麼事的，」小布說：「你什麼屁也看不見，就算你自認電腦很厲害，也沒半點屁用。」其他的，小布不必多解釋，因為早在成立IEX之前他已經向在場的人簡報過了。這次會議，重點是他的新發現。

把戰場上的圖表，用到金融市場上

IEX開張那天，就交易了約五十萬股，而客戶下單傳送的速度之快，人類憑肉眼是無法理解的。小布花了大約一整個禮拜的時間，天天黏在電腦前，設法看出更多端倪。但交易資訊實在太多，他得非常迅速地瀏覽螢幕——以那樣的速度，幾乎可在一分鐘之內讀完《戰爭與和平》。

讓他吃驚的，是竟然有這麼多筆一百股的下單——由華爾街券商傳送到IEX。我們都知道，高頻交易業者會用一百股的單子當誘餌，但IEX所收到的，不是來自高頻交易業者，而是華爾街的券商。有一天收盤後，他看著其中一家券商的交易表格，納悶著：為什麼有八七%的單子，買賣的數量都是一百股？

小布離開皇家銀行的一個禮拜後，醫生告訴他，他的血壓大幅降低，基本上已經恢復正常水準，所以他已經把藥量減半。但看到這張交易表格，小布的頭開始痛起來，血壓也當場飆高。「我感覺到有某種模式在我眼前，」小布說：「但我就是看不出來。」

有一天下午，一位名叫喬許．布列本（Josh Blackburn）的ＩＥＸ員工，剛好聽到小布提到這個問題。當下他沒說什麼，但他知道答案。

就像卓南，喬許的華爾街生涯轉折，也跟九一一事件有關。當時他正準備要上大學，那一天，一位朋友要他趕快打開電視，也讓他目睹了世貿雙塔的崩落。「那一刻，讓我對人生有了新的領悟。」他說。兩個月後，他跑去報名當空軍。不過軍方的人告訴他，得等到他念完大一才行。於是，大一結束後他又回去找軍方，這回空軍直接派他到中東的卡達（Qatar），因為有位上校發現，喬許很會寫電腦程式。又過了兩年，他被調到巴格達，並在那裡寫了兩套程式，一套是讓指揮部可以把訊息傳送給所有成員，另一套是類似 Google map 的地圖——當時 Google map 都還沒出現呢。

後來他又轉戰到阿富汗，負責把所有美軍在戰場上的資料彙整起來，製作成一張圖表供將領們作為決策參考。「我用一整面牆來顯示這張圖表，讓他們可以即時獲知戰場上正在發生的實況。」喬許說：「你可以看到戰況，看到敵方的火箭炮是從哪射出來的，也可以看到敵軍的攻擊模式。舉例來說，美方的軍事基地『勝利營』（Camp Victory），通常比較可能在穆斯林的午禱時間後遭受攻擊。」重點不在於如何把資訊轉化成影像，而是在於如何用最準確的圖像來呈現實況——例如用什麼樣的圖形、顏色，最能讓人一目了然。「一旦你掌握了全部資料，找到最理想的呈現方式，你就能看出端倪。」喬許說。

說起來容易，做起來一點也不簡單，但有趣的是，一旦你開始做這件事，你將很難停下來。第一趟任務結束後，喬許再提出申請，一直到出完第四趟任務，戰爭結束，他的功能也隨著消失。「回到家，你會覺得很難過，」喬許說：「因為你看過自己在戰場上的貢獻。在那之後，我再也很難對任何事情燃起熱情。」

回到美國後，他希望可以找到一份能讓他這項專長派上用場的工作，一位金融圈的朋友告訴他，有一家新的高頻交易公司要找人。「在戰場上，你用你所製作的圖表搶得先機，」喬許說：「何不用同樣的方法，在金融市場上搶先機呢？」

後來他在這家高頻交易公司待了六個禮拜，因為他對工作內容很不滿意，沒多久之後這家公司也倒了。而之所以會跑到ＩＥＸ來，主要是因為小施在 LinkedIn 網站上瀏覽時發現了他。當時，喬許已經受夠了高頻交易業，「他們老覺得自己是菁英，覺得自己很了不起。」喬許說，但他才不管什麼菁不菁英，他只希望自己能做點有意義的事。「我星期五來IEX面試，他們週六就要我來上班了。小布告訴我，他們要改變現況，但我其實沒有很懂他到底在講什麼。」

加入IEX後，喬許的話不多，默默在自己最喜歡的崗位——後勤——工作。「我的責任就是盡量聽，聽大家的抱怨，」他說：「我希望能這樣、希望能那樣之類的，然後設法找出解決的方法。」

一張圖，看見禿鷹手法無所遁形

小布對喬許的過去知道得不多，「我只知道他曾經在阿富汗的戰場上，跟一些將領一起共事過。」小布說：「當我告訴他，我有個問題——我無法看見交易資訊時，他只說：按『重新載入』試試看。」

原來，喬許悄悄地幫小布製作了圖表。當小布按下『重新載入』後，螢幕突然變成了幾個不同形狀與顏色的圖。那些每筆只有一百股的詭異下單，現在神奇地聚在一起，讓小布看見了一個明顯的模式，看到了一種他自己與投資者們想都沒想到的禿鷹手法。

這幾個圖表所顯示的，是華爾街大券商們處理客戶下單的方式：假設你是一位大客戶——例如一家共同基金或避險基金的經理人，也就是說，你代表著許多把積蓄與退休金交給你管理的老百姓。現在，你想要投資寶僑，於是你去找了華爾街的券商——例如美國銀行，告訴對方，你想買進十萬股寶僑股票。假設那一刻寶僑的股價為八二．九五～八二．九七，而且正好有人要以八二．九五賣出一千股，有人要以八二．九七買進一千股。這時，你告訴美國銀行說，你願意每股出價八二．九七。

過去，在你下單之後這筆單子會被如何執行，其實你是不會知道的。但現在小布看到了：美國銀行的第一個動作，是到ＩＥＸ下一百股買單，看看是否有人想在ＩＥＸ賣出寶僑。這是有道理的：除非你先弄清楚是否有人願意賣股票，否則你不會想讓大家都知道即將會有一位大買家出現。

但沒道理的是：很多券商就算知道了有人想賣股票，他們也不跟對方買。

譬如說，ＩＥＸ裡有人剛好想賣出十萬股寶僑，每股賣價八二．九六美元。但券商就是不向這位賣家買，相反的，他們繼續向ＩＥＸ傳送每筆一百股的買單。如果券商直接向ＩＥＸ以八二．九七美元買進這十萬股，那麼這位大買家的出現就不會造成股價被拉高。但券商持續傳送出一百股的買單，卻會不斷推升寶僑的股價，害你（也就是客戶）得用更高價格才能買到。「從ＩＥＸ的交易資料中，我發現了過去所看見的離譜現象，」小布對著這群投資家說：「我納悶的是：券商到底為什麼這麼做？這種做法唯一的結果，就是讓高頻交易業者能有攔截交易的機會而已。」

當然，也不是所有券商都這樣搞，例如有些券商雖然同樣以一百股的下單為餌，找到市場上有股票要買賣的另一方之後，成功為客戶以理想的價格交易大量股票。其中，目前為止最守規矩的就是加拿大皇家銀行。但整體來說，那些有和ＩＥＸ連線的券商們——除了美國銀行與高盛以外——其實都不怎麼頻繁交易。看起來，這些券商只是想讓外界覺得他們有和所有交易所連線，但實際上他們只想把交易留在自家的暗池，根本不是真心想跟別的交易所往來。

這個現象，也解釋了為什麼這些券商總是能在自家的暗池裡，為客戶找到想要買賣股票的另一方，並且成功撮合交易——往往一家掌握美股不到一〇％下單量的券商，居然有超過一半的客戶，都在他們自家暗池裡成交。平均而言，美國股市的全部下單中，有三八％是在券商自家暗池裡交易。

原來，這就是券商們所用的手法。「各大交易所之間的連結，只是虛有其表而已。」小布說。

玩弄數字遊戲，彰顯自己能耐

券商們之所以想把交易留在自家暗池裡，並不只是為了賺更多錢——佣金更多，還可以把客戶的下單訊息賣給高頻交易業者收取費用，此外他們也想藉此增加暗池的交易規模，拉抬自家暗池的身價。因為，美國股市是用很糟糕的指標，來評比暗池及公開交易所的表現。這個指標，就是成交量。人們普遍認為，一家交易所的成交量越大，對投資者就越有利。於是，所有暗池與公開交易所都想盡辦法膨脹自己的成交量，設法玩弄數字遊戲來彰顯自己的能耐。

例如現在很多公開交易所，都會公布自己的「大筆」（一萬股以上）交易。小布就發現，有二十六筆IEX傳送給紐約證交所的小單子，最後被紐約證交所全部加總起來，發布為「一筆」一萬五千股的大交易。至於暗池的狀況就更別提了，除了券商自己，外人根本不知道裡面是如何運作的。每一家都公布自己的交易統計，每一家都說自己是第一名。「數字太容易被玩弄，而真正的統計又無從取得。」小布說。

除了玩弄數字，券商們也會設法把別人的數據弄得難看些。這就是券商們不斷傳送一百股小單子給IEX的另一個理由：拉低IEX的平均單筆成交量。平均單筆成交量越低，IEX越沒面子，也會讓IEX看起來更像是被高頻交易業者操弄的暗池。「假如有客戶跑去問這些券商，到底發生了什麼事？為什麼我下的單子，全都被一百股、一百股地交易？券商大可以說：喔，那是因為我們把單子傳給了IEX。」小布說。

券商們這樣的策略，讓客戶付出了代價，也害客戶錯失了可能成交的機會，但客戶們是絕對不會知道的。大家所能看到的，是IEX的平均單筆交易量不斷被拉低。小布把這一切發現告訴了在場的投資家——也就是被券商玩弄而付出代價的人。

開張營業沒多久，IEX公布了自己的統計，好讓外界看見IEX的實際表現。「過去，因為大家都在幹同樣的事，所以你無法發現有哪一家特別有問題。」小布說。但現在，

ＩＥＸ出現之後，終於讓大家看見了問題所在。

首先，儘管券商們想盡辦法要讓ＩＥＸ難看，但在所有公開交易所與暗池中，ＩＥＸ的平均單筆交易量仍然是最高的。更重要的是，交易完成的頻率是不規則的，跟其他交易所或暗池完全不同。舉例來說，ＩＥＸ在股價變動之後的成交比例，只有其他交易所的一半而已，這意味著，投資者——就像前面提到的瑞奇．蓋茲一樣——被出賣了，券商們沒有趁著股價變化之前，為客戶完成交易。而且，ＩＥＸ在「中價區」（也就是最新買價與賣價的中間點，意味著買賣雙方都覺得合理的價格）成交的機率，也比其他交易所高出四倍。換言之，即便是以業界常用的指標來評比，ＩＥＸ還是贏了其他交易所與暗池。

匪夷所思的爛招，神不知鬼不覺的暗池套利

然而，小布最大的弱點，就是低估了同業們使壞的能耐。他以為，券商們頂多就是不傳單子給ＩＥＸ，但他萬萬沒想到，他們會利用客戶下的單子，讓**客戶付出代價**來破壞這家為了保障客戶權益而成立的ＩＥＸ。而這種爛招，正中高頻交易業者下懷。

有一天，小布看著喬許所提供的圖表發現：有一家券商像開機關槍似的，不斷傳送每筆一百股的單子到ＩＥＸ，並且在二三二毫秒之內，把股價炒高了五美分。而高頻交易業者顯然得知了這個訊息，並且從中獲利。這讓小布懷疑：這家券商在下單到ＩＥＸ時，是否讓別人知道？於是，小布回頭找整個美股的相關資料，「我想知道這家券商是衝著我們來，還是全面性的在整個股市這樣搞？」他告訴在場的投資家：「答案，讓我們覺得匪夷所思。」

因為他發現，在ＩＥＸ交易清單上的多筆交易發生的那一刻，別的交易所（與暗池）也同時出現幾乎一模一樣的交易。「我是先發現很不尋常的成交量。」小布說。例如他發現，有人在ＩＥＸ成交了一三一股的寶僑股票，接著他看到好幾個交易所竟然在數毫秒之間，出現一樣的一三一股寶僑股票成交，只是價格不太一樣。這種現象，一再發生。而且小布也發現，每一筆這樣的交易中，一定有一方是把主機租用給高頻交易業者的券商。

在這之前，他們所發現的揩油手法，都是趁著股價變動時發生。因為市場上的股價本來就在變化，而高頻交易業者是搶在別人前面完成買賣。但其實美國股市有三分之二的股票，是在股價沒有變化的情況下（也就是買方出的價格，正好是賣方所要的價格，或是正好介於兩者之間）成交的；因此在這種情況下，當雙方成交之後，股價仍然會維持跟成交前一樣。

但如今小布所看到的，則是高頻業者如何（多虧了券商們的協助）在股價不動的情況下，揩投資者的油。

舉例來說，假設寶僑的股價是八〇．五〇～八〇．五二，而且維持不變。這時，如果市場上有人喊出最高的買價是八〇．五〇，而最高的賣價是八〇．五二，股價是維持不變的。倘若現在有個投資者想在IEX賣出一萬股寶僑，通常IEX會為賣家設定一個中價點（midpoint，也就是對買賣雙方都合理的價位），因此這位投資者所掛出的這一萬股賣單價格，就是八〇．五一美元。這時，高頻交易業者（不是他們還有誰？）就會跑到IEX來，一小口一小口地吃下這筆單子——有時買進一三一股，有時買進一八九股。然後，這家高頻交易業者會立刻跑到別的交易所（或暗池），以八〇．五二美元下單，賣出寶僑股票——有時賣出一三一股，有時賣出一八九股。

乍看之下，外界會覺得高頻交易業者似乎在買家與賣家之間，扮演了某種橋梁角色。但這橋梁根本沒有存在的道理：負責替客戶下單的券商們，為什麼不直接到IEX，用更便宜的價格為客戶買進股票呢？

前面提到的瑞奇．蓋茲做過一次實驗，發現自己被券商的暗池給耍了。但他之所以會發現自己被耍，是因為他在實驗中修改了下單價格（請參閱135～136頁）。而小布這回的新發現是：就算價格維持不變，客戶的權益同樣受損。

而且小布知道券商的手法：不把客戶下的單子，傳送到其他交易所。舉例來說，假設一位客戶指示券商要買一萬股的寶僑，但是券商只把客戶的下單傳送到自家的暗池，而且價格拉高到八〇．五二，並且明確指示不傳送到暗池之外的交易所。這一來，券商不但可以美化自己暗池的交易量，還可以把消息賣給高頻交易業者，外加不必讓別的交易所抽佣。然而，這種手法最後受傷的是客戶。否則在一個健康開放的市場，這位客戶可以輕易地在公開市場上以八〇．五一美元買到自己要的股票，股價也完全不會因為他的進場而被拉高半分錢。「我們稱此為暗池套利法。」小布說。

美國金融市場，原來是個騙局？

講完他的新發現之後，小布問在場的投資家是否要提問。剛開始的幾分鐘，投資家們面面相覷，似乎都在壓抑自己心中的憤怒，展現出老練投資家應有的沉著。

「IEX開張之後，你對高頻交易業者的看法有什麼改變嗎？」其中一位問道。

照理說，最適合回答這個問題的人是羅南，因為他才剛結束一輪高頻交易業者的拜會活動。此刻的他，在辦公室的另一端倚牆而立。先前小布曾經請羅南向投資者們說明，IEX如何製造出三五〇微秒延遲等等的技術問題，羅南也表現得很好。但一講到高頻交易業者，羅南卻百般不願意發言，主要是因為他不知道應該要怎樣開口，才不會讓「幹」這個字脫口而出。

「我現在反而比較沒那麼痛恨他們了，」小布說：「錯不在他們。我覺得他們只是發現了市場沒有效率的漏洞，然後從中獲利而已。真的，他們能在法律縫隙中遊走賺錢，實在太厲害了。他們沒我原先所想像的那麼惡劣，真正讓投資者受害的，是我們的股市交易制度。」

雖然小布替高頻交易業者緩頰，但還在氣頭上的投資家們可不買單。「知道了券商原來這樣搞我們，還是讓我很震驚。」其中一位投資家說：「小布讓我們看到，市場上**每一個**主角都是壞蛋，而且更糟的是，當你要他們把單子傳給IEX時，他們居然還拒絕。雖然我過去多少知道一點內情，但這回聽了小布的說明，我還是很火大。」

這時，另一位投資家舉手，請小布再說明一下，一家券商是怎樣透過暗池套利的。

「那是誰？」他指著白板上的數字，不悅地問道。

只見小布臉上露出了為難的神色。因為太多人問過他同樣的問題，先前才有另一位投資家憤怒地打斷他，問道：「到底哪家銀行最可惡？」「我不能告訴你。」小布說，因為他與券商之間簽了保密協定，除非券商同意，否則不得對外洩漏個別券商的交易實況。

「我們坐在這裡聽你講半天，但卻不能知道究竟是哪家券商這樣惡搞，你知道有多悶嗎？」另一位投資家說。

對小布而言，其實也很為難。他本來就不是喜歡揭弊的人，他只是手上正好握有弊端真相而已。

「我們想做的，其實是讓大家知道，有哪些是正派經營的券商。」小布說：「我們應該讓好券商，會因為正派經營而獲得獎勵。」要解決眼前的問題，這是唯一的方法。表達對券商們的肯定，並不涉及違反與券商之間的保密協定。

在場的投資家似乎接受了這樣的說法。「那，有幾家券商是沒問題的？」其中一位投資家問。

「十家。」小布說。與ＩＥＸ有往來的券商總共有九十四家，而這十家包括了加拿大皇家銀行、伯恩斯坦（Sanford Bernstein）以及一些小型業者。「另外有三家很有代表性，」小布補充：「這三家，是摩根史坦利、摩根大通與高盛。」

「他們為什麼不採取跟其他券商一樣的做法呢？」

「因為長期而言，萬一東窗事發，他們自己會深受其害。」小布說。

其實小布常在想：萬一真的東窗事發——大家都發現了，原來股市遭到操控——結果會怎樣？美國金融市場——這個全球資本主義的象徵——原來是個騙局。政府官員、檢察官們會怎麼回應？想到這裡他頭就痛，真的，他只是想讓股市交易恢復應有的公平，不明白為什麼得面對這麼多障礙。

「你是不是在擔心，會引起更多反彈？」另一位投資家說。他的意思是，如果公布好券商的名單，會不會讓爛券商更難看？

「那些爛券商已經夠難看的了，」小布說：「其中有些擺明了就是對客戶陽奉陰違。」

「那，當你把這些數據給他們看，他們怎麼說？」有一位投資家好奇。

「有些會告訴我：你說得一點也沒錯！」小布說：「還有人講得更白：這種齷齪手法的

確存在，我們常常都在想辦法把別人的暗池搞爛。但也有人告訴我：你在說什麼，我怎麼都聽不懂？」

老虎機一直吐錢出來，哪位賭客會去通知賭場老闆？

照理說，科技應該被用來改善市場效率，但是今天，卻被用來破壞市場效率。而且，相較於我們過去所孰悉的市場效率不佳的現象，今天這樣的效率不佳問題，並沒有那麼容易被改善。

比方說，當有位大買方進場拉抬布蘭特（Brent）原油的價格，如果有人跟進，把北德州石油公司的股價也炒高，這不是什麼壞事，甚至是個健康市場的指標，因為原油價格與石油股的價格，本來就應該是相關的。就算有聰明的高頻交易業者掌握了雪佛龍股價與艾克森（Exxon）股價之間的關聯性並因此大賺一票，也是合理的。

不合理與不健康的，是那些公開交易所推出各種奇怪的下單方式，以及高頻交易業者利用自己的速度優勢去占投資者便宜。這樣的沒效率，就像是賭場裡壞掉的吃角子老虎機，只要有人拉霸就會吐錢出來；但不會有哪位賺得飽飽的拉霸玩家會去告訴賭場，這台機器壞了。

很多華爾街業者之所以推出某些創新，唯一的目的就是要讓金融圈外的人，搞不懂圈內的他們在幹什麼。先前，這種創新手法為世界帶來沒有投資者能搞懂的次級房貸衍生商品，現在，同樣的手法則為我們帶來沒有投資者能搞懂的股市交易方式。這也就是為什麼小布的企圖心——把問題攤在陽光下——如此的震撼人心。

另一位始終保持沉默的投資家，終於舉起手說話了：「看起來，最先跳出來撥亂反正的人，風險滿高的。」說得一點也沒錯。因為即便是前面提到的那些好券商，其實也不是真好到盡如人意。假如有家券商誠實地跑到ＩＥＸ交易，勢必會造成它自家暗池交易銳減，錢也會少賺很多。然後，會被那些爛券商拿來說嘴：看，這些券商暗池的表現不理想，根本不要跟他們往來。

小布說，這或許是他最關心的一件事。會不會有哪家華爾街大券商有足夠的遠見，願意現在就跳出來支持他呢？

接著，小布秀出一張投影片，上面寫著：**二〇一三年十二月十九日**。

高盛，到底想幹嘛？

華爾街大券商內部的運作實況，外人很難弄清楚。但千萬不要以為，這些券商裡的人都上下一條心。相反的，他們內部都有派系，而且彼此鉤心鬥角。沒錯，大家都心繫著自己的紅利與獎金，但不見得每一個人都利害與共——你所賺的獎金，很可能是從另一個人的口袋裡掏出來的。譬如說，券商自營部（prop group，銀行用自己的資金進行交易）的營業員通常會在暗池中與客戶對做，因此相較於那些得服務客戶、從客戶身上賺錢的業務員，自然不會太在意客戶怎麼想。這也就是為什麼，通常券商都會將這兩種人安排在不同辦公室，有時甚至是安排到兩棟不同的大樓——總之，就是盡量不讓兩個部門的人碰面。

而小布的任務——至少他自己這麼認為——就是要讓這兩個部門的人相互了解，尤其是讓業務員更了解問題之後，站出來向侵害客戶權益的人宣戰。

打從一開始，高盛內部對這個問題的態度，就比別的券商明確，而且與其他券商明顯不一樣。比方說，每次小布拜訪別的券商，對方的第一個反應往往都是告訴他：「別家券商」如何如何討厭IEX，別家的暗池如何如何邪惡。但是高盛的人則較沉著，似乎不理會別的券商怎麼看IEX。

當時高盛內部，也正在進行人事調整。二〇一三年二月，電子交易部門的大頭目葛瑞．杜沙（Greg Tusar）跳槽到一家大型高頻交易公司「景高投資」（Getco）。負責評估高盛在全球金融市場應扮演什麼角色的兩位合夥人——朗恩．摩根（Ron Morgan）與布萊恩．李文（Brian Levine），都不是跟高頻交易業者同一掛的人，壓根兒不甩高頻交易業者怎麼想。摩根在紐約總部負責業務部，李文則在倫敦負責交易部門，據小布所知，他們兩位都對現況感到憂心。

小布之所以知道，是因為摩根主動找上他——這的確很奇怪。「他是因為看到客戶所提出的需求，才來找我們的。」小布說。兩人第一次碰面之後的一個禮拜，摩根邀請小布到公司與另外幾位高階主管碰面。「沒有別家券商這樣做過。」小布說。

高盛的老闆要摩根與李文去了解一件事：為什麼摩根史坦利成長這麼快？這家高盛的死對頭，市占率近來不斷擴大，而高盛卻停滯不前。李文與摩根用華爾街的人都懂的一招：邀請對方員工來應徵工作。果然，摩根史坦利的人告訴他，該公司現在透過所謂的 Speedway，每天可以成交三億股，相當於紐約證交所的三成。

Speedway是摩根史坦利為高頻交易業者提供的交易平台服務，除了讓業者可以把主機設在幾個大型交易所，還可以透過一條高速光纖與摩根史坦利的暗池連結。高頻交易業者透過摩根史坦利的線路所完成的任何一筆交易，摩根史坦利都能抽取費用，而且可以拿來當成自己的績效。那些超想跳槽高盛的摩根史坦利員工，還向高盛透露，Speedway現在每年為公司賺進五億美元，而且還在成長。這讓高盛不得不思考一個問題：那，高盛是否也該推出自己的Speedway？是否該展開雙臂歡迎高頻交易？

高盛的某個客戶給了摩根一份名單，上面是三十八位他認為摩根在做出結論之前，應該去請教的對象。同時，摩根與李文也在思考：高盛有沒有可能比高頻交易業者更厲害？如果高盛只能掌握市場上八％的下單，要怎樣讓三成的下單都在自己的暗池裡完成交易？華爾街的暗池之間，彼此是如何連結的？又是如何與公開交易所互動的？金融市場越來越複雜，到底能否維持應有的穩定？美股的營運模式，如今在美國以外的國家複製，合適嗎？

大部分問題的答案，他們都能理解或猜想到。剩下尚未被解開的疑問，投資者們都向他推薦一個人：小布。

造訪高盛最讓小布驚訝的，不只是李文與摩根居然願意花時間跟他詳談，而是他們真的把小布的意見轉達給高層！其中，李文似乎特別關心市場的不穩定性。「如果不改變現有做法，遲早會發生大規模崩盤。」他說：「而且比快閃崩盤嚴重十倍！」

其實對於高盛的負責人而言，要看出問題的根源一點也不難，也很容易理解為什麼業界人士都不願意跳出來揭露問題。「每個人都得顧好自己的飯碗，」李文說：「他們只關心自己下個月的薪水，不會去想太遙遠的問題。」

然而，這一連串的問題，已經為美國股市帶來新的風險。一再發生的所謂技術短路，不是什麼意外事件，而是市場的病徵。摩根與李文心裡有數，只要股市發生災難性崩盤，華爾街大券商首當其衝，尤其是高盛——高盛一年從股票部門賺進七十億美元，任何危機都會讓高盛受創。

以華爾街的標準來說，四十八歲的摩根與四十三歲的李文，都算是老人了。摩根在二〇〇四年升為合夥人，李文則晚他兩年。兩人都向友人透露，他們認為IEX帶來了改變的契機，也許會是金融史上重要的轉捩點。在場一位認識摩根的投資家說：「摩根心想，自己已經在這一行二十五年，難得有機會做點改變歷史的事情。」李文自己也說：「這是個生意上的決定，但也是個道德上的決定。我相信我們有機會成功，而小布是個理想人選。」

歷史性的一天，大家都不敢相信自己的眼睛

在二〇一三年十月二十五日正式開張之前，IEX的三十二位員工都在猜想：開張第一天，會有多少股票成交量？第一週又會表現如何？

大家所猜出來的答案，平均中位值是第一天：十五萬九千五百股，第一週：二百五十萬股。其中，最悲觀的是麥特，也就是全部人當中唯一有籌備新交易所經驗的人。他的預估是：第一天成交二千五百股，第一週十萬股。已經同意與IEX往來的九十四家券商，絕大多數都是小公司，而且其中只有約十五家已經準備好，可以在第一天就跟IEX連線。「這些券商都跟客戶說，已經跟IEX談好了，但我們還是沒拿到他們的書面合約。」小布說。有人問小布，如何預估IEX到了年底的成交規模？小布猜想——或者說希望——能達到每天四千至五千萬股。

會這樣講，是因為IEX必須達到每天約五千萬股的成交量，才能損益平衡。如果無法達到損益平衡，那麼遲早得關門大吉。「結果是一翻兩瞪眼的，」童大說：「要嘛我們非常成功，要嘛會死得很慘，搞不好在六個月到一年之內就會掰掰。所以，再過一年我就知道自

己要不要另外找頭路了。」

對小布而言，這場改造金融市場（或許還能扭轉華爾街文化）的行動，恐怕需要更長時間。尤其第一年，他認為會是場苦戰。「我們得蒐集很多資料，」他說：「沒資料就無法讓世界看見問題；但要取得資料，就得先有交易才行。」小布也知道：「萬一錢燒光，一切就玩完了。」

結果，ＩＥＸ開張第一天，總共成交了五十六萬八千五百二十四股。其中絕大部分都是來自地區型的小券商，以及沒有成立暗池的華爾街大券商——皇家銀行與伯恩斯坦。第一個禮拜結束，他們總共成交了一千二百萬股。之後的每個星期，都有小幅成長，一直到十二月的第三週，他們終於達到每週五千萬股。十二月十八日（星期三）那天，他們的單日成交量衝破一千萬股：一一八二七二三二股。其實當時ＩＥＸ已經跟高盛連線，但是高盛所傳來的下單，跟其他券商一樣可疑——量都很低、而且只停留數毫秒。

高盛第一次傳送「不一樣」的下單給ＩＥＸ，是在二〇一三年十二月十九日的下午三點零九分四十二秒六六二毫秒三六一微秒四〇六奈秒。當時，ＩＥＸ裡任何一位發現這筆訂單的人，都感覺到有不尋常的事情發生了。因為螢幕上跳動的下單訊息，跟平常不一樣。

一個接一個，員工們紛紛離開了自己的座位。除了卓南之外的其他人，全都站了起來，然後開始大叫。

「一千五百萬股了！」有人大喊——距離高盛那筆下單進來的時間，只過了十分鐘。在那之前的三三一分鐘，IEX只成交了約五百萬股。

「兩千萬了！」

「他媽的高盛！」

「三千萬！」

沒有人預料到這一刻，大家彷彿突然發現地面上湧出石油似的。

「我們的成交量剛剛超越AMEX了！」小施大叫。他口中的AMEX，就是美國證交所（American Stock Exchange）。「我們的市占率超過AMEX了！」

「我們居然打敗這家一百二十年的老店了！」羅南說——其實AMEX歷史還沒那麼長。先前有人送羅南一瓶要價三百美元的高檔香檳，但因為小施有規定：IEX員工不得接受外界超過四十美元的饋贈，所以羅南跟小施說，這香檳只要四十美元。羅南在抽屜裡找到了幾個紙杯，然後開了香檳。

這時有人掛上電話，說：「剛剛是摩根大通打來的，問我們發生了什麼事？他們說，接下來會有所行動。」

童大這時也掛上電話。「高盛也打來，他們說目前為止還只是小 case，明天他們還會搞更大！」

「四千萬股了！」

卓南仍然坐在自己的位子上，觀察著下單流量的變化。「先別跟他們說，其實目前為止還不算什麼。」他說。

只要有人拿出鏟子，巨流就會轉向

高盛傳送那筆「真正的下單」到ＩＥＸ的五十一分鐘後，美股收盤了。小布走進一間小辦公室，摘下眼鏡，靜下來思考剛才所發生的一切。「我們原本就希望有人來相挺，說：你是對的！」小布說：「今天發生的事，意味著高盛認同我們的主張。」

不過他轉念一想：高盛並不是一個人說了算，而是由一群經常彼此意見相左的人所組成。其中顯然有兩個人獲得授權做決定，而這兩人決定跌破外界眼鏡，走一條不一樣、更長遠的路，也因此讓整個情勢改觀。「能出現這兩人，我真是太幸運了。」小布說：「也因為有了他們，現在其他同業再也不能逃避這個問題，也無法再排擠我們了。」他眨了眨眼：「想到這裡，我都快哭了。」

他已經可以預見接下來的發展，這點他非常確定。高盛強調，美國股市必須改變，而IEX就是改變的起點。假如高盛願意向投資者坦承，IEX這個新交易所最有機會成為公平又穩定的股票市場，其他券商就有必須跟進的壓力。越多交易湧入IEX，投資者會越滿意，那些爛券商也越沒有理由抗拒。隨著高盛的下單大量湧入，市場現在就像一條洶湧的巨流，就等著有人拿出鏟子挖出一道新壕溝，巨流就會轉向。小布就是手持鏟子的人，而高盛，正在助他一臂之力。

三個禮拜後，小布透過大螢幕讓投資家們看到了高盛信任IEX所帶來的好處：市場顯得更公平，因為有九二%的股票是以「中價點」——也就是雙方各讓一步的合理股價——交易；相較之下，別的暗池只有一七%，至於公開交易所就更低了。另外，儘管券商們企圖拉低IEX的平均單筆成交量，結果IEX的平均單筆成交量仍是業界平均值的兩倍。

ＩＥＸ代表著一個改變。而且ＩＥＸ讓我們明白：這個越來越被刻意搞複雜的金融市場，是應該讓大家都更理解的；一個健康的自由市場，不應該受到某些人的操弄，不應該出現畸形的各種回饋金、機房共享等圖利少數人的不公平規則。市場所需要的，是了解市場、掌控市場的人，就像在場的投資家一樣。

小布說完，一位投資家舉起手。「高盛在十九號那天開始採取行動，」他問道：「那後來呢？」

第8章

蜘蛛與蒼蠅

哪來的「神祕醬汁」？真是夠了

高盛控告薩吉的官司，在二〇一〇年十二月開庭，為期十天。

高頻交易產業是個小圈子，但那些身在這一行、熟悉這一行的人，顯然對賺錢比較有興趣，對出庭作證興趣缺缺。其中一位被檢方傳喚作證的專家，是伊利諾科技學院（Illinois Institute of Technology）的財務金融學者班傑明・范立業（Benjamin Van Vliet）。范立業在學校教學生寫電腦程式，於是四處尋找好玩的題材給學生當作業，也讓他發現了高頻交易平台。

不過，他之所以出名，純粹是因為媒體需要有個專家來接受他們的訪問。例如《富比世》雜誌在二〇一〇年中就曾訪問他，請他針對「廣布網絡公司」那條從芝加哥連結紐澤西的光纖提供見解。其實范立業根本沒聽過「廣布網絡」這家公司，也對那條光纖一無所知，但是報導中還是出現了他的名字。

儘管如此，該篇報導仍然引來更多記者上門。因為，媒體太需要一位願意受訪的高頻交易產業專家。緊接著，發生了「快閃崩盤」事件，范立業的電話更是響個不停。然後是檢察官找上了他，邀請他在一位高盛前高頻交易程式員的官司中作證。然而，當時范立業沒有半點高頻交易的經驗，更別提對薩吉從高盛帶走的資料有所理解了。

我在餐廳包廂裡開庭，聽聽陪審員們怎麼說

范立業對市場的認識，是被嚴重誤導的，例如他形容高盛是「高頻交易業界的洋基隊」。而在薩吉官司裡的陪審員，幾乎都只有高中畢業，沒有半個人寫過電腦程式。「他們把我的電腦搬到法庭上，」薩吉回憶起來都覺得好笑：「然後抽出硬碟，展示給陪審團──看，這就是證據！」除了薩吉的前老闆米沙．馬立雪夫之外，所有出庭作證的人都不了解高頻交易產業的真正面貌──例如他們是如何賺錢的、什麼樣的程式碼最值錢等等。

馬立雪夫之所以出庭，也只是為了證明被薩吉取走的高盛程式碼，從未被他的公司泰莎科技所採用。因為高盛的程式碼是用不同的語言所寫，又慢又不好用，而且是專為高盛自己的客戶所設計——而泰莎科技沒有客戶，因此派不上用場。但是他一眼望去，大概有一半的陪審團員根本一頭霧水。「假如我是陪審員，而我沒寫過程式，」薩吉說：「一定也搞不懂這位被告為什麼要這麼做。」

而高盛在這起官司中的角色，則更讓人搞不懂真相究竟為何。出庭作證的高盛員工，比較像是在當檢方的傳聲筒，而不是在盡公民應有的義務。「他們也沒撒謊，」薩吉說：「但他們講的都是外行話。」例如他的前主管亞當・施樂辛格，出庭作證時強調所有程式碼都屬於高盛所擁有。「我不會說他在撒謊，但他是在講一件他所不了解的事，因此他根本就誤解了真相。」薩吉說。

我們的司法系統，不是很善於挖掘真相。依我看來，其實法官應該做的，是讓薩吉自己來說清楚做了什麼，以及為什麼要這麼做，然後交給那些真正了解狀況的人來判斷。但高盛從來沒讓薩吉有機會解釋，ＦＢＩ也沒有找到真正的專家來協助。

因此，我花了兩個晚上，在華爾街的一家餐廳包廂裡，開了一個小型的審判庭。我找了幾位非常了解高盛、高頻交易與電腦程式的專家，分別扮演陪審員與檢察官。這些人都是業界高手，好幾人還寫過高頻交易程式，其中有一位甚至幫高盛開發過高頻交易軟體。這群人清一色是男性，分別來自四個國家，目前全住在美國，全在華爾街上班。由於他們全都還在這個圈子活躍——其中有幾位還是IEX的員工，為了能更自由地發言，全都同意不具名表示意見。

基本上，大家都覺得高盛與薩吉雙方都很可疑。他們認為，薩吉既然被判了入獄八年，應該是**真犯了什麼法**，只是大家還沒了解案情細節，因為大多數人對此案的了解都是透過報紙與傳言。

在薩吉的案子發生之前，華爾街的軟體工程師在離職時把程式碼帶走，是很普遍的現象。「現在大家都學到教訓了，」一位陪審員說：「帶走程式碼，你就得去坐牢，這可是很大的改變。」而且自從薩吉被逮捕後，很多人終於第一次聽到「高頻交易」這個詞。另一位陪審員過去曾在一家華爾街券商待過，他說：「薩吉被捕之後，我們公司跟電子交易部門的所有同事開了一次會，教他們如何向客戶說明什麼是『高頻交易』。」

不能因為一個人不粗心大意，就說他一定不是小偷，但是……

我們聚會的這家餐廳，是一家典型的老派華爾街用餐地點——租一個包廂的基本消費要上千美元，就看你有沒有本事吃夠本。食物與飲料——超大盤的龍蝦與螃蟹，龐大如電腦螢幕的牛排，堆積如山的馬鈴薯與菠菜等等，會源源不絕地供應。老一輩的華爾街交易員就是這樣過生活的——白天吆喝豪賭，晚上犒賞自己。

但是此刻，包廂裡聚集的卻是一群新一代的科技人，他們透過掌握電腦而掌控了市場，而且正是讓老一輩交易員黯然退場的推手。望著眼前堆積如山的食物，他們幾乎不為所動。例如薩吉，就只吃了一點點。

很有意思的是，剛開始陪審員們所問的問題，全都跟薩吉的個人經歷有關。因為大家想知道，他是一個什麼樣的人。譬如說，他們很在意他的工作資歷，並且確認薩吉符合典型的科技怪咖特徵：對寫程式有高度熱情，但沒那麼容易被金錢誘惑。大家似乎很快就達成結論——薩吉不但聰明，而且聰明絕頂（至於他們是怎樣得到這個結論，我並不清楚）。「通常，這種人會在某一個小領域特別厲害，」其中一位陪審員後來解釋：「一個科技咖可以同時熟悉這麼多不同領域，是非常、非常少見的。」

接著，大家開始關注薩吉在高盛工作的內容。他們很意外地發現，原來薩吉在高盛享有「超級使用者」（super user status）的權限。這意味著，他是高盛三萬多名員工中，極少數（大約三十五人左右）能夠以「管理員」身分登入系統的人。擁有這樣的權限，也代表著薩吉可以在任何時候把USB隨身碟插入電腦後，神不知鬼不覺地把所有高盛的程式碼下載後帶走。在場有人直接對薩吉說，小偷通常不會粗心大意，但你不能因為一個人不粗心大意，就說他一定不是小偷。

但其實大家都同意，薩吉取走程式碼的方式，實在沒有什麼可疑之處——上傳程式碼、刪除瀏覽紀錄，對他們而言早就是標準程序；尤其當你曾經輸入密碼，更是一定要把紀錄刪除。簡言之，薩吉的做法完全不像是個想要湮滅證據的人。其中一位陪審員講到了重點：「假如刪除瀏覽紀錄真的就能湮滅證據，為什麼高盛還是會發現呢？」

下載了什麼，「沒」下載什麼

倒是薩吉曾經解釋、但ＦＢＩ不肯採信的理由，看在這群陪審員眼中，反而很有道理。由於高盛禁止薩吉將利用開放程式修改後的版本，開放讓外界使用，因此當薩吉想取得原本的開放程式，唯一途徑就是去下載高盛的程式碼。當然，他所取得的程式碼中有些不是開放的，但這一點也不讓人意外，因為一口氣抓下所有相關（有開放，也有不開放）的程式，是最有效率的做法，否則就得到散落於網路上不同角落的網站去一個一個下載，太曠日廢時了。

而且他們毫不懷疑，薩吉真正想要的，的確只有開放程式碼，因為只有開放的部分才能讓他在日後使用。否則，高盛的程式本來就是專為高盛平台所寫，無論薩吉接下來要推出什麼新系統，這套高盛的程式都派不上用場。「就算他想把整個高盛的平台都抄襲過來，都未必划算，還不如自己重新寫一套平台程式還更簡單。」一位陪審員說。

有好幾度，薩吉的回答讓大家感到很意外。舉例來說，當聽到他說打從第一天到高盛上班開始，他每個禮拜都會把高盛的程式碼傳送給自己，而高盛也沒人說不行，在場的人都非常驚訝。「換作是在城堡投資，只要你在電腦插上ＵＳＢ，沒幾分鐘就會有人跑到你身邊，看你想幹嘛。」一位曾經在「城堡投資」待過的陪審員說。甚至，大家也很意外薩吉怎麼只下載那麼少的檔案：在總共一千五百MB的流量限制中，他只下載了八MB。而且大家最好奇的不是他下載了什麼，是他「沒」下載什麼。

「你有帶走高盛的交易策略程式嗎？」其中一位問。

「沒有。」薩吉說，在檢方所指控的罪名中，的確沒有這一項。

「但那是最重要的程式，」這位陪審員說：「如果你想偷偷帶走有價值的東西，就該下載策略程式。」

「我對策略程式不感興趣。」薩吉說。

「但你沒拿策略程式，就像只偷珠寶盒卻不拿走珠寶一樣。」另一位陪審員說。

「你可是有超級使用者權限的人耶！」最早發言的那位陪審員說：「要下載策略程式是輕而易舉的事，幹嘛不一併帶走？」

「我只在乎程式，我真的對策略沒興趣。」薩吉說。

「可以賺好幾百、幾千萬美元耶，你沒興趣？」另一位問。

「真的，」薩吉說：「那就是賭博，我不是那塊料。」

在場的人都見識過典型電腦怪咖的行徑，因此對於薩吉的回答一點也不意外。其實，跟這種怪咖談股市交易，就像是跟一個在地下室修理水管的水電工，討論樓上黑手黨的賭場生意一樣。「他對這門生意幾乎毫無所知，」其中一位陪審員說：「你得試著從他的立場看事情。」另一位補充說：「高盛到底如何賺錢，根本不會告訴他。何況他在高盛的時間也不夠久，過去沒金融背景，來了之後又埋首於各種電腦問題。」

我自己的筆記本，帶走都不行嗎？

高盛從來沒讓薩吉搞懂整個高頻交易的來龍去脈，而且陪審員們都注意到，薩吉根本志不在此。「一個人的熱情是很重要的，」一位大半輩子都在寫程式的陪審員說。「只要談到寫程式，他的眼睛就會發亮，」另一位補充道：「你看他即使到了高盛，還是在想開放程式的事，就知道他大概是哪一種人了。」

不過，對於薩吉所帶走的程式，到底對薩吉或對高盛而言多有價值，大家的看法倒是不太相同。但無論答案為何，都是微不足道的。「我可以跟你保證：他下載這些程式碼，絕對不是為了拿去新公司使用。」其中一位陪審員說，在場沒有人表示反對。

至於我，其實不是很明白為什麼高盛的程式不能運用在其他交易平台上。「高盛的整套程式，其實就像是一棟很老舊的房子。」其中一位向我解釋：「而泰莎科技是打算在一片全新的土地上蓋一棟全新的房子，你幹嘛要用從一棟百年老房子那裡取出的老水管，裝在我的新房子呢？也不是說，舊的水管就不能用，而是要大費周章的拆掉、維修老水管，根本划不來。」另一位接話道：「還不如重新開始簡單得多。」再加上，薩吉後來告訴大家（他居然沒有在聚餐時提起這件事），他想在新公司寫的程式，將會用另一套不同的語言。這下他們更加確定，高盛的程式碼出了高盛大門，其實並不怎麼好用。

這一來我又更不懂了：既然如此，薩吉幹嘛要帶走高盛的程式碼呢？而且離開高盛之後整整一個月，他碰也沒碰這些程式碼。如果這些程式碼那麼無關緊要，如果它們又老舊又不好用，何必帶走呢？奇怪的是，這群陪審員都知道原因。其中一位是這樣解釋的：「假如A從B那裡偷走了腳踏車，然後A可以騎腳踏車上學，而B得走路，這很清楚，對絕大多數人來說，都算是偷竊。」

「以薩吉的情況來說，你可以想像一個人在一家公司待了三年，而且經常攜帶著一本筆記本，把工作過程中的一切都記錄下來——開會紀錄、想到的點子、產品、業績、拜訪客戶過程等等，全都寫在筆記本上。然後，你要跳槽了，你（就像其他人一樣）也把筆記本帶走。筆記本上的內容，是你在前一家公司工作的歷史紀錄，跟你的新工作無關。你很可能再也不會翻開這本筆記本；或許當你需要一些點子或範例時，會翻開筆記本看一下，但那仍是你在前一家公司的經驗紀錄。現在你將在新工作打開另一本新筆記本，舊的那本就更顯得無關緊要了。」他繼續說：「對於一個寫程式的人來說，程式碼就是他的筆記本，可以幫他回憶過去做過的事，但跟他即將寫的新軟體關聯性不大。」

蜘蛛為什麼非得置蒼蠅於死地不可？

真正讓這群內行的陪審員不解的，其實不是薩吉的行為，而是高盛的作為。到底有什麼必要得勞駕ＦＢＩ出馬？為什麼要為了懲罰這個小人物，大費周章地驚動政府單位與司法體系？蜘蛛為什麼非得置蒼蠅於死地不可？

金融圈傳出很多說法。有人說，是擦槍走火，高盛剛開始因為搞不清楚狀況，情急之下找上FBI，後來發現自己小題大作，但已難以收拾殘局；也有人說，當時的高盛對於高頻交易部門的任何人事異動都高度敏感，因為他們很清楚這項業務有多麼賺錢。其中一個最有意思的說法，跟華爾街大券商的本質有關。一位陪審員說：「每一位華爾街科技部門的主管，都希望自己部門的人在外界眼中都是奇才，所做的一切都是別人學不來的。但如果有一天，讓外界知道原來自己部門的軟體，有高達九成五都是取自開放程式，那將會很沒面子。於是，當有人告訴他薩吉帶走了某樣東西，他絕對不能說：『其實沒關係，反正都是拿開放程式來修改的。』當同事告訴他，薩吉下載了某些程式碼，他也不能說『沒什麼大不了』，更不能說『我其實不知道他帶走了什麼東西』。」。

換個方式說吧：薩吉之所以會被關，很可能只是因為某位主管怕自己的獎金不保而已。「都還沒著火，什麼樣的人會按下火警警報器？」這位陪審員說：「通常是那種想推卸責任的傢伙。」

其實最讓陪審員們不解的，恐怕還是薩吉這個人——他的情緒，似乎完全不受這起官司的影響。假如你把那兩個晚上所有在包廂裡的人排成一列，要別人猜一猜，當中哪一位才剛離婚、房子沒了、工作沒了、畢生積蓄沒了、名譽也毀了？薩吉恐怕是最不可能被點名的那一個。

有一個晚上，包廂裡的人暫時放下關於程式碼的討論，有位陪審員問薩吉：「你為什麼不生氣？」薩吉只是笑笑。「你都不生氣？真的？你怎會這麼心平氣和？換作是我，早就他媽的瘋掉了！」這位陪審員說。薩吉還是笑而不答。「瘋掉又能怎樣呢？」他說：「負面情緒能給你帶來什麼幫助？什麼也幫不了你！事情發生就發生了，也意味著你的人生就是得走到這一步。你很清楚自己是無辜的，但你也得明白，事情已經發生，就得去面對它。」他繼續：「有時候，發生了這樣的事讓我很感恩，因為它讓我對人生有了更深一層的領悟。」

官司宣判那天，當聽到陪審團認為他罪名成立後，他對他的律師凱文．馬力諾（Kevin Marino）說：「雖然，結果不是我們所期待的，但我必須說，這真是一次難得的經驗。」彷彿這不關他的事，他只是個旁觀者。「這種事，我還是第一次遇到。」馬力諾說。

薩吉的反應實在太奇怪了，包廂裡在座的人都不知道該怎麼回應，於是只好回頭繼續討論程式碼與高頻交易的問題。但薩吉說的，是真心話。「其實剛被抓時，我根本睡不著。」他說：「當我看到報紙這樣寫我，我心想這下名譽掃地了。但是現在，我釋懷了，我不再覺得痛苦，也不再煩惱接下來會發生什麼事。」

上訴成功，獲得釋放

剛入獄時，他老婆跟他分手，帶著三個孩子。他沒錢，也沒朋友可投靠。「他沒有深交的好朋友，」同樣來自俄羅斯的瑪莎說：「從來沒有，他不愛跟人往來。」出於同鄉之誼，也出於同情心，她常到牢裡探視薩吉。「每次去探視他，結果反而受到他的鼓舞。」她說：「他總是充滿著正面能量，簡直像在給我心理治療。而且，他終於願意跟別人交談——他告訴我，牢裡同伴們的故事真多！他大可以自怨自艾，可是他沒有。」

截至目前為止，他最感到為難的，是要如何向孩子解釋這一切。被逮捕時，三個女兒分別是五歲、三歲與即將足歲。「我嘗試用最簡單、她們最能夠理解的單字，」薩吉說：「但這一解釋，我等於是在為我沒做的事道歉。」被關在牢裡的他，每個月可以打三百分鐘電話，但有很長一段時間，他打給孩子，孩子們都不接他的電話。

薩吉入獄的前四個月，被關在一個充滿暴力、很糟糕的看守所裡，但他似乎頗能適應那裡的環境，甚至找到可以聊天的對象。後來他被移監到紐澤西迪克斯堡（Fort Dix）一個低設防的外役監獄，雖然還是得跟好幾百人擠在同一個大房間，但現在他可以有自己的工作空間。他身體不是很好，也許跟他不肯吃肉有關。「他的健康狀況真的不好，」瑪莎說：「他只吃米飯與豆類，老是在餓肚子，我每次帶優格給他，他都狼吞虎嚥地吃光。」

不過他的腦筋仍然滿清楚的，一輩子寫程式的訓練，讓他有辦法專注面對監獄裡的一切。薩吉的刑期還剩幾個月時，瑪莎收到薩吉寄來的一個厚重信封，裡面大約有一百多張紙，每張紙的兩面都寫得滿滿的。那是一套電腦程式碼，用來解決高頻交易的問題。薩吉擔心，萬一被獄卒發現，他們絕對看不懂，然後會以為是什麼可疑的東西而沒收。

一年後，上訴法庭終於受理薩吉的上訴案。承審法官的決定非常迅速，他的代表律師馬力諾一輩子沒見過這種情形。就在他提出上訴理由的當天，法官就宣布釋放薩吉，理由是：他所被控觸犯的法條，其實並不適用於這起案件。於是，二〇一二年二月十七日清晨六點，薩吉收到馬力諾的email，告知他即將獲釋。

擺脫物質倚賴，珍惜生命中最簡單的快樂

又過了幾個月，馬力諾發現，當局沒有將護照還給薩吉，於是要求歸還。但至今沒有下

文，而跟朋友住在紐澤西的薩吉也再度被捕。同樣的，他還是不知道自己為什麼被抓；但不一樣的是：這回連警方都不知道為什麼抓他。警方只知道，薩吉必須被關起來，而且不得保釋，彷彿他會逃亡似的。他的律師也一頭霧水，「我剛被通知時，」馬力諾說：「還以為是跟孩子的扶養權有關。」但其實不是，幾天後，曼哈頓地院檢察官賽瑞．凡斯（Cyrus Vance）發了一份新聞稿，表示檢方正式起訴薩吉「取得與複製高盛所擁有的極機密電腦程式碼」。新聞稿中還說，「該電腦程式碼屬高度機密，業界稱之為『神祕醬汁』」，並且感謝高盛的協助調查。

負責這起案子的檢察官喬安娜．李（Joanne Li）表示，薩吉有逃亡之虞，因此必須立即返回監獄服刑。這實在很奇怪，因為就在他被捕到正式入獄這段期間，他已經去了一趟俄羅斯又回美國了。（反而是李本人，很快就拋下這個案子，跳槽到花旗集團去了。）

馬力諾當然知道什麼是「神祕醬汁」，因為這詞不是來自什麼業界，而是來自他為薩吉所寫的答辯狀——當時他嘲諷檢方，把高盛的電腦程式碼當成某種「神祕醬汁」。在他看來，薩吉再度被捕毫無道理可言。於是他打電話到凡斯的辦公室。「他們告訴我，不是為了要懲罰薩吉，而是要他負起責任。」馬力諾說：「他們要薩吉認罪，然後服滿刑期。我盡量用比較客氣的語言，叫他們去死！他們毀了薩吉！」

不過奇怪的是，薩吉沒有被毀。「我心裡非常平靜，」談到再度被捕的那晚，他說：「我沒有害怕，沒有痛苦，也沒有負面情緒。」他與三個孩子之間的感情恢復了，他也交了新的好朋友，他覺得自己找到了全新的人生。他甚至開始寫自傳，把他的故事寫出來。他是這樣起頭的：

> 假如入獄沒有把你擊倒，你將從此對很多事情不再懼怕。你將發現：你的人生不再受到自我與企圖心所主宰——這些都隨時可能失去，又有什麼好擔心的呢？你將會理解，監牢裡跟大街上一樣，都有活生生的人，這些人之所以會被關，往往只是為制度所害。有些人被關進牢裡，是因為犯了法；但也有許多人被關，只是因為不小心牴觸了某些人的利益。話說回來，入獄有個明顯的好處：讓你擺脫對物質的倚賴，學會珍惜生命中最簡單的快樂——例如陽光，還有清晨的微風。

後記
追尋答案的心

賓州「婦女探險俱樂部」的絕大多數成員，向來不擔心天候好壞。任職於賓州大學的麗莎．萬德爾（Lisa Wandel），因為發現了美國居然有這麼多女性不敢單獨騎車越野，而創立了這個組織。

今天，這個組織共有七百多位會員，探險的範圍也早已不限於傳統的野外活動。我在賓州遇到的四位女騎士，就說她們上過「空中飛人」的課程，也曾游泳橫越過美國東北角的奇色碧灣（Chesapeake Bay），還有人曾在「下坡越野自行車世界錦標賽」中拿下銀牌。她們全程騎完馬里蘭州著名的Masochistic Metric長程公路自行車競賽，參加過名為「強悍泥人」（Tough Mudder）的田徑賽，以及另外三項長達二十四小時的登山自行車比賽。她們曾在賽車學校受訓，曾在寒冷的冬天於當地小河流完成十三次冬泳壯舉。看了這個組織的網頁後，羅南說：「這根本是一群瘋女人聚在一起，專幹危險事的鬼組織！我來問問老婆，有沒有興趣加入……」

某個一月的上午，我們沿著四十五號公路，從賓州的波士堡（Boalsburg）朝東出發。那是早上九點鐘，氣溫只有九度，一眼望去盡是農莊，路上幾乎沒車子。倒是偶爾會有大卡車從我們身邊超車，卡車司機往往是非常憤怒地開著車子呼嘯而過。「他們最恨自行車族了，」其中一位女騎士說：「他們會故意開得離我們很近，要嚇唬我們。」

這條路，是她們經常騎的路線之一，因此，二〇一〇年開始鋪設的那條光纖，當然也沒逃過她們的眼睛。三不五時，這條路上的兩條車道，常會有其中一條被工程隊封起來，害得一長串的自行車、汽車、小貨車、阿米什人（Amish）的馬車、農具車等等大排長龍，等著對向來車通過。工程人員把通往農場的小路封起來，使得阿米什人無法返回自己的家。於是，有時你會看到阿米什小女孩，穿著好看的招牌紫色裙子，跨越工程隊所圍起的柵欄。當地官員告訴一位探險俱樂部的女會員說，這條光纖是政府興建的公共工程，要為當地大學提供高速網路服務。

後來，當她們知道原來這根本是一項民間工程，而且是要「為高頻交易業者帶來三毫秒的競爭優勢」時，心裡所冒出的巨大問號是：為什麼？為什麼一項民間的私人工程，可以大剌剌地阻斷公共交通？「我實在太想知道原因了。」一位成員說。

賭場裡的二十一點莊家，連玩五年沒輸過錢

如果你問高盛，為什麼當年為了保護自己的高頻交易程式碼，他們不惜大費周章地控告薩吉；但在同時間，他們卻又大力協助小布——這麼做，不是等於讓高盛的高頻交易程式碼變得毫無價值可言嗎？他們會告訴你：「**因為我們正在轉型**。」

薩吉的官司，與高盛在二〇一三年十二月十九日那天的作為，其實是彼此相關的。因為，那起官司以及所引起的關注，讓很多人更認真思考：高盛的高頻交易程式碼到底有多大價值？要知道，高頻交易有種「贏家通吃」的特質：速度最快的人，能賺到的油水最豐厚。而早在二〇一三年，負責股票交易策略的高盛高層已經很清楚：這門新竄起的生意，高盛並不是很在行，也不太可能有一天變得很在行。那些專業的高頻交易業者，會**持續**在速度上領先高盛（或是任何一家華爾街大券商）。因此，高盛的高階主管其實也漸漸明白，薩吉所拿

走的，其實並不值得偷——至少對那些想要爭取更快速度的業者而言。

華爾街大券商所面臨的最大問題，不只是他們的規模太大、難以靈活地因應科技的突飛猛進，同時也是因為這些傳統券商過去所享有的競爭優勢，在高頻交易這門生意上根本無用武之地。過去，傳統大券商所享有的優勢，是他們能取得大筆大筆低風險的資金，然後拜這些資金之賜，得以在這個充滿風險的行業，安然度過一次又一次的行情起落。然而，在高頻交易產業，其實不需要很多資金，也沒什麼風險，高頻交易員每天晚上下班回家前，都會把手上的股票清空。他們交易股票的方式，很像賭場裡玩二十一點的莊家：只有在自己有勝算的情況下，才會出手。這也就是為什麼，他們可以連續交易五年，沒有一天賠過錢。

在這個變化快速的金融市場，傳統大券商其實只有一個競爭優勢，那就是：客戶要買賣任何股票，都會最先告訴他們。因此，只要把客戶留在他們的暗池裡，就能吃定這些客戶。但話說回來，即便是「吃客戶」這檔事，券商們也未必比優秀的高頻交易業者在行，這也就是為什麼，券商們會把獵物（也就是他們的客戶），交到高頻交易業者手中，而且寧願只分一小杯羹。例如IEX所發現的多種暗池套利手法中，往往高頻交易業者就賺走了其中的八成五，大券商們只分到剩下的一成五。問題是，一旦市場出狀況——例如發生一場快閃崩盤，高頻交易業者並不必承擔八成五的責任，也不必付出八成五的打官司費用，相反的，絕大部分的責難與訴訟費用，都得由券商們掏腰包。

花時間投入股市，才是有意義的人生？別鬧了你

其實你仔細想就會發現，高頻交易業者與券商之間的關係，還滿像券商與整個社會之間的關係：平常風平浪靜時，高頻交易業者撈走了絕大部分的甜頭；一旦出了問題，高頻交易業者會閃得無影無蹤，讓券商吞下全部苦果。

從力助ＩＥＸ一臂之力的做法來看，高盛顯然很早就弄懂了這一點。高盛的摩根與李文兩人在二〇一三年十二月十九日那天的動作，是真心誠意想導正股市的這股歪風。他們是真的打從心底認為，美國——這個世界上最龐大的經濟體——的金融市場，已經演變得太過複雜，遲早有一天，會爆發後果不堪想像的災難。於是，他們決定站出來，試圖扭轉這股歪風，將大筆大筆的客戶下單傳送到ＩＥＸ交易。假如一切順利，美國股市將會恢復為一個能公平合理交易股票的地方，也將有數十億美元的錢，會從券商手中流回到投資者的口袋裡。

但華爾街大券商內部，是個非常複雜的世界。例如在高盛裡，就有人對摩根與李文的做法極為不滿。因此，在十二月十九日之後，高盛又有點轉向了。對小布來說，實在很難理解究竟為什麼會這樣——是因為高盛內部有了新的共識？還是因為他們原先低估了率先支持IEX必須付出的代價？難道，要高盛擺脫短線利益的迷戀，抬頭看看長期的好處，有這麼困難嗎？

其實很有可能，這些問題連高盛自己也回答不上來。但無論答案是什麼，李文說過的一句話都很有意思。「我們這麼做一定會有很多阻力，」他曾經說：「一定會有很多阻力，因為整個股市都是圍繞著這種手法而建立起來的。」

我們倒是可以學學高盛，從總體經濟的角度，來分析一下這種手法的利弊。先說「利」：沒錯，現在的股市的確可以拜這種手法之賜，讓市場消息能在短短數毫秒之間就反映在股價上。但問題在於，這種手法所衍生的「弊」太多了。

首先，也是最明顯的，就是為了追求速度，而導致市場更不穩定；其次，是讓那些金融仲介業者撈走動輒數十億、難以估算的獲利。這筆獲利，是投資者付出的代價，也是整體經濟的損失——當一家有生產力的企業必須為資本付出的代價越高，這家企業的生產力也會變得越低。

另一個代價較難推估，那就是：對於自己想要過什麼樣的生活，人們的想法很可能會跟著改變。通常，當湧入金融市場豪賭的錢越多，會讓更多人想要跟著跳進來試手氣，而且會設法說服自己，花時間投入股市才是有意義的人生。至於最嚴重的壞處，則是一旦那些非常聰明的人，因為發現金融市場的漏洞而發大財，就會讓他們更有動機把漏洞搞大，而且通常他們不會聲張，而是繼續默默看著別人發這種不義之財。

到最後，我們將看到的是一個弊端糾結難解的金融市場。要解開糾結的弊端，我們需要有人願意挺身而出——但話說回來，就算挺身而出也未必有用就是了。畢竟看在這些股市菁英眼中，一個有弊端的市場，遠比一個運作正常的市場要來得有利可圖。我們需要的，是整個市場都願意改變才行。「我們知道如何治癒這種病，」正如小布所說：「但前提是，病人自己要願意接受治療。」

為什麼非快不可？因為要閃到所有人最前面

廣布網絡那條光纖所到之處，讓想停車休息的騎車族們全皺起眉頭。因為，光纖所經之處的沿途公路上，只留下狹窄的路肩；路肩旁的玉米田，則總是豎立著「禁止跨越」的牌子。我們大約騎了十英里之後，才看到一片沒有牌子的空地，於是在一根白橘相間的柱子邊停了下來。這排柱子往路的兩頭延伸，假如你沿著柱子往東走，會一路騎到紐澤西州——那斯達克交易所隔壁的一棟大樓；假如往相反方向騎，則會抵達芝加哥商品交易所。我們停靠處的馬路另一邊，是當地的著名景點：紅色圓形穀倉。同行的一位女士，講起了當地的民間故事，據說這個紅色穀倉之所以蓋成圓形，就是為了要讓老鼠無處可躲藏。「人們往往不知道如何活在一個透明的世界裡，」小布說：「看來，老鼠也一樣。」

穀倉再過去，是一座山，山上有一座——應該說，有一整排——微波發射塔，就蓋在光纖埋設處的上方。透過微波，一個訊號從芝加哥到紐約，來回大約要花八毫秒，大約比直接透過光纖傳送，少了四．五毫秒。在「廣布網絡」鋪設光纖的當時，一般人都以為，微波是無法取代光纖的。而且從芝加哥到紐約之間所傳送的資料既龐大又複雜，微波就算傳送速度比較快，仍是無法負荷的。而且倘若天候不佳，微波訊號的傳送還會受到影響。

但如果微波科技已經大幅躍進了呢？如果說，高頻交易業者所需要的資料數量，並不如外界所想像的那麼龐大複雜呢？如果說，兩個原本距離遙遠的市場，可以藉由一座座的山頭而直接連上線呢？

今天，高頻交易業者所擔負的風險，跟傳統的股票仲介角色（向賣家買下股票，把股票賣給買方）不太相同。他們不必冒那種吃下股票後，眼睜睜看著股價下滑的風險，也不會在賣掉股票之後，懊惱地錯過股價上揚。他們掌握了所有市場訊息，一切都在他們的股掌之間。他們唯一擔心的，是整個市場同時出現大漲或大跌。

先前我們談過，一家大型的高頻交易業者，是有能力同時操作高達數千檔股票的。他們所下的買單或賣單，都不是真的想要買賣這些股票，而只是想釣出真正的買家與賣家，因此這些單子往往只有非常少量——一百股。數量這麼少，風險自然很低；但如果把所有個股的下單累積起來，風險卻是很高的。舉例來說，假設有某個大利空消息衝擊股市，所有股票全都大跌，那麼高頻交易業者手上那一筆一筆一百股買進的數千檔股票累積起來，就會是一大筆龐大的損失。

但美國股市的運作方式，倒是很奇妙地幫了業者一個大忙。通常當市場有重大變化，會先從芝加哥的期貨市場開始引爆，接著才會漸漸影響個股現貨的股價。假如你有辦法先在芝加哥的期貨市場發現勢頭不對，然後趕緊通知你放在紐澤西的電腦，那麼你就能趕在消息衝擊個股之前抽單，取消交易，避免損失。

這也就是為什麼，對高頻交易業者而言，搶先別人一步從芝加哥傳送訊號到紐澤西是如此重要。他們要搶先的對象，不只是一般散戶，甚至不是華爾街的大券商，而是別的高頻交易競爭對手——速度最快的高頻交易業者，往往來得及把手上數千檔一百股的下單，轉手給別人。

一個難以置信的真實故事

在紅色穀倉逗留了一會兒之後，我們繼續前進。騎了數英里，來到一條通往山頂的路，山頂上有座塔台。那位曾贏得世界錦標賽銀牌的選手嘆了口氣，說：「我還是比較喜歡騎下坡的路。」但話一說完，就逕自往上衝去，把我們其他人拋在後頭。

這些女騎士們速度都好快，沒過多久就全騎在我前方，我只能看著她們的背影。大約花了二十分鐘，我終於抵達這條路的盡頭，她們已經站在那裡等著我。接著，我們又轉入另一條通往樹林，朝著山頂而去的小路。又騎了數百公尺，是一道新的金屬柵欄，柵欄上掛著牌子，警示著此處各種可能的危險。

只見她們似乎想也沒想，就放下腳踏車，跨越柵欄，繼續往前方的小路前進——對她們而言，這不過是另一次的探險活動罷了。數分鐘後，那座傳送微波的塔台已經赫然佇立在我們眼前。

「我曾經爬上去。」一位女騎士有點語帶得意地說。

這座塔台有一百八十呎高，而且沒有樓梯，上頭還布滿了各種電子設備。「你爬上去幹嘛？」我問。

她說：「我當時還懷著孕，花了我一番功夫。」這樣算回答我嗎？

「難怪你的寶寶有七根腳趾頭！」另一位女騎士調侃她，然後大夥兒笑成一團。

假如你也爬上這座塔台，那麼你將能清楚地看見下一座；然後從下一座，可以看見下下一座，一路下去，總共有三十八座，負責將各種芝加哥的交易資訊傳送到紐澤西。我們在那裡繞了一圈，塔台看起來其實有點老舊，顯然曾經為了別的理由而建好有一段時間了。但掛在塔台上的其他設備——例如發電機，以及不知道裡頭裝著什麼玩意的水泥箱子——倒是全新的；外表看起來像定音鼓的中繼器（repeaters），看起來應該也是新裝上去的。這些設備傳送訊號的速度之快，還有在芝加哥與紐澤西兩端電腦的運轉速度之快，全都是局外人難以理解的程度。

我發現，塔台周圍的籬笆上有塊金屬牌子，上面印著聯邦通訊委員會的授權證號：1215095。只要上網查一查，就能知道這座塔台的來歷——申請透過這座塔台傳送微波的日期，是二〇一二年七月，申請者是……，反正，這年頭是藏不住祕密的。只要花點時間上網追蹤，任何人都能發現這個不可思議、卻又千真萬確的華爾街故事。

想知道關於這座塔台的更多真相？你只需要做一件事，那就是：懷著一顆追尋答案的心。

致謝

打從我踏進金融業以來，美國金融市場有了很大的改變——包括他們對待一位想要了解市場真相的作者的方式。

相較於一九八〇年代，今天的華爾街大券商對於記者們會怎麼下筆，顯得非常在意——不只是大券商如此，而是所有券商都這樣。從券商的表現來看，他們的確該擔心。他們現在比過去更想左右寫作者，寫出對他們有利的故事。但今天，在這些券商裡上班的人，對自己服務的公司越來越反感，也更願意揭發內部的真相——只要別提起他們的名字。也因此，對於很多在券商、高頻交易公司、證券交易所上班，幫助我釐清這個看起來無比複雜故事的人，我無法一一表達感謝。

許多書中沒有提到的人士，其實對這本書的誕生有著重大的貢獻。Jacob Weisberg 替我審閱了初稿，狠狠批了我一頓。Dacher Keltner、Tabitha Soren、Doug Stumpf 分別花了很長時間聽我講述這個寫作計畫，多次給我醍醐灌頂的點子。Jaime Lalinde協助我研究薩吉案，功不可沒。我也要向諾頓出版社的 Ryan Harrington 致歉，因為我害他到處找各種我原本以為能派得上用場的圖表，結果我錯了。但他的表現真的太棒了。

打從我開始寫書，Starling Lawrence 就一直是我的編輯，包括這一本。標準嚴格的他，從不讓我有片刻的自滿，這點讓我受益匪淺。另一位編輯團隊成員 Janet Byrne，是我見過最棒的文稿編輯，她的工作熱情不但逼迫我每天早上得起床寫作，也阻止我每天晚上爬回被窩裡的企圖。

最後，我要感謝ＩＥＸ的員工們，而且我要一一列出他們的名字，讓大家有機會認識他們：Lana Amer、Benjamin Aisen、Daniel Aisen、Joshua Blackburn、Donald Bollerman、James Cape、Francis Chung、Adrian Facini、Stan Feldman、Brian Foley、Ramon Gonzalez、Bradley Katsuyama、Craig Katsuyama、Joe Kondel、Gerald Lam、Frank Lennox、Tara McKee、Rick Molakala、Tom O'Brien、Robert Park、Stefan Parker、Zoran Perkov、Eric Quinlan、Ronan Ryan、

Rob Salman、Prerak Sanghvi、Eric Schmid、John Schwall、Constantine Sokoloff、Beau Tateyama、Matt Trudeau、Larry Yu、Allen Zhang、以及Billy Zhao。

國家圖書館出版品預行編目（CIP）資料

快閃大對決：一場華爾街起義 / 麥可．路易士
(Michael Lewis) 著 ; 林旭英譯 . -- 初版 . --
臺北市 : 早安財經文化 , 2014.09
面 ; 公分 . --(早安財經講堂 ; 62)
譯自 : Flash boys : a Wall Street revolt
ISBN 978-986-6613-67-8 (平裝)

1. 證券經紀商 2. 證券投資 3. 美國

563.558　　103017542

早安財經講堂 62

快閃大對決

一場華爾街起義

Flash Boys: A Wall Street Revolt

作　　者：麥可・路易士（Michael Lewis）
譯　　者：林旭英
特約編輯：莊雪珠
封面設計：Bert.design
責任編輯：沈博思、劉詢
行銷企畫：陳威豪、陳怡佳

發 行 人：沈雲驄
發行人特助：戴志靜、黃靜怡
出版發行：早安財經文化有限公司
台北市郵政 30-178 號信箱
電話：(02) 2368-6840　傳真：(02) 2368-7115
早安財經網站：goodmorningpress.com
早安財經粉絲專頁：www.facebook.com/gmpress
沈雲驄說財經 podcast：linktr.ee/goodmoneytalk

郵撥帳號：19708033　戶名：早安財經文化有限公司
讀者服務專線：02-2368-6840　服務時間：週一至週五 10:00~18:00
24 小時傳真服務：02-2368-7115
讀者服務信箱：service@morningnet.com.tw

總 經 銷：大和書報圖書股份有限公司
電話：(02) 8990-2588
製版印刷：中原造像股份有限公司
初版 1 刷：2014 年 9 月
初版 19 刷：2024 年 7 月

定　　價：380 元
I S B N：978-986-6613-67-8（平裝）

治癒的前提是，

病人要願意接受治療……